LES LANGAGES À OBJETS

PRINCIPES DE BASE, TECHNIQUES DE PROGRAMMATION

2aI

Acquis Avancés de l'Informatique

Collection dirigée par Wladimir Mercouroff

Professeur à l'université de Paris-Sud
Président du Département informatique d'Orsay

Les ordinateurs massivement parallèles, **de C. Germain-Renaud et J.-P. Sansonnet.**

Architecture des processeurs RISC, **de D. Etiemble.**

Bases de données déductives, présentation de Datalog, **de N. Bidoit.**

Programmes parallèles, modèles et validation, **de A. Arnold, J. Beauquier, B. Bérard et B. Rozoy.**

Les langages à objets, **de M. Beaudouin-Lafon.**

LES LANGAGES À OBJETS

PRINCIPES DE BASE, TECHNIQUES DE PROGRAMMATION

Michel BEAUDOUIN-LAFON
Maître de conférences à l'université Paris-Sud

ARMAND COLIN

Illustration de couverture : Lexis Numérique.

ISBN 2-200-42051-X

Armand Colin Éditeur, 103, Bd Saint-Michel, 75240 Paris Cedex 05

Table des matières

Avant-propos

Ce livre a pour objectif de présenter les langages à objets et la programmation par objets d'une manière générale et néanmoins précise. Le nombre de langages à objets existant aujourd'hui et leur diversité interdisent une étude exhaustive dans un ouvrage de cette taille. C'est pourquoi l'on s'est attaché à identifier un nombre réduit de concepts de base, partagés par de nombreux langages, et à illustrer ces concepts par des exemples concrets. Il ne s'agit donc pas d'apprendre à programmer avec un langage à objets (d'autres ouvrages, spécialisés, s'y emploient), mais de maîtriser les principes de ces langages et les techniques de la programmation par objets.

Ce livre s'adresse à des lecteurs ayant une expérience de la programmation avec des langages «classiques» comme Pascal et Lisp, ou tout au moins une connaissance des principes de ces langages. Il s'adresse donc tout particulièrement à des étudiants de second et troisième cycle d'Informatique, ou d'autres disciplines dans lesquelles la formation à l'Informatique aborde les langages de programmation évolués. Ce livre s'adresse également aux élèves des écoles d'ingénieurs, aux chercheurs, aux enseignants, et plus généralement à tous ceux qui veulent comprendre les langages à objets.

Plusieurs années d'enseignement des langages à objets au D.E.S.S. Système et Communication Homme-Machine de l'Université de Paris-Sud, et des conférences au Certificat C4 d'Informatique Appliquée de cette même Université, m'ont conduit à la présentation des langages à objets adoptée dans ce livre : dans les deux cas, le faible volume horaire interdit tout apprentissage d'un langage particulier et invite à une présentation synthétique. Il en résulte une grille d'analyse des langages à objets, largement émaillée d'exemples, dont l'ambition est de permettre au lecteur d'aborder la programmation avec un langage à objets avec une vision claire et saine de l'univers de ces langages.

Plusieurs personnes ont contribué à rendre ce livre plus clair et, je l'espère, facile d'accès : Thomas Baudel, Jean Chassain, Stéphane Chatty, Marc Durocher, Solange Karsenty ont relu des versions préliminaires de cet ouvrage et apporté des commentaires constructifs ; les membres du groupe Interfaces Homme-Machine du Laboratoire de Recherche en Informatique, par leur expérience quotidienne de la programmation par objets, ont permis tout à la fois de mettre en évidence les réalités pratiques de l'utilisation des langages à objets et de mettre à l'épreuve un certain nombre d'idées présentées dans ce livre. Marie-Claude Gaudel a également contribué à clarifier les notions liées au typage dans les langages de programmation en général et dans les langages à objets en particulier. Enfin, mon frère Emmanuel a réalisé l'ensemble des figures de cet ouvrage, et je lui en suis infiniment reconnaissant.

Chapitre 1

INTRODUCTION

Les langages à objets sont apparus depuis quelques années comme un nouveau mode de programmation. Pourtant la programmation par objets date du milieu des années 60 avec Simula, un langage créé par Ole Dahl et Kristen Nygaard en Norvège et destiné à programmer des simulations de processus physiques. Bien que de nombreux travaux de recherche aient eu lieu depuis cette époque, l'essor des langages à objets est beaucoup plus récent. Ce livre essaie de montrer que les langages à objets ne sont pas une mode passagère, et que la programmation par objets est une approche générale de la programmation qui offre de nombreux avantages.

1.1 LE CHAMP DES LANGAGES

Situer les langages à objets dans le vaste champ des langages de programmation n'est pas chose facile tant le terme d'*objet* recouvre de concepts différents selon les contextes. Nous présentons ici plusieurs classifications des langages et situons les langages à objets dans ces différentes dimensions.

Classification selon le mode de programmation

Cette classification présente les principaux modèles de programmation qui sont utilisés aujourd'hui, c'est-à-dire les principaux modèles par lesquels on peut exprimer un calcul.

- *La programmation impérative*, la plus ancienne, correspond aux langages dans lesquels l'algorithme de calcul est décrit explicitement, à l'aide d'instructions telles que l'affectation, le test, les branchements, etc. Pour s'exécuter, cet algorithme nécessite des données, stockées dans des variables auxquelles le programme accède et qu'il peut modifier. La formule de Niklaus Wirth décrit parfaitement cette catégorie de langages :

  programme = algorithme + structure de données.

  On classe dans cette catégorie les langages d'assemblage, Fortran, Algol, Pascal, C, Ada. Cette catégorie de langages est la plus ancienne car elle correspond naturellement au modèle d'architecture des machines qui est à la base des ordinateurs : le modèle de Von Neumann.

- *La programmation fonctionnelle* adopte une approche beaucoup plus mathématique de la programmation. Fondée sur des travaux assez anciens sur le lambda-calcul et popularisée par le langage Lisp, la programmation fonctionnelle supprime la notion de variable, et décrit un calcul par une fonction qui s'applique sur des données d'entrées et fournit comme résultat les données en sortie. De fait, ce type de programmation est plus abstrait car il faut décrire l'algorithme indépendamment des données. Il existe peu de langages purement fonctionnels ; beaucoup introduisent la notion de variable pour des raisons le plus souvent pratiques, car l'abstraction complète des données conduit souvent à des programmes lourds à écrire. Parmi les langages fonctionnels, il faut citer bien sûr Lisp et ses multiples incarnations (CommonLisp, Scheme, Le_Lisp, etc.), ainsi que ML.

- *La programmation logique*, née d'une approche également liée aux mathématiques, la logique formelle, est fondée sur la description d'un programme sous forme de prédicats. Ces prédicats sont des règles qui régissent le problème décrit ; l'exécution du programme, grâce à l'inférence logique, permet de déduire de nouvelles formules, ou de déterminer si une formule donnée est vraie ou fausse à partir des prédicats donnés. L'inférence logique est tout à fait similaire aux principes qui régissent la démonstration d'un théorème mathématique à l'aide d'axiomes et de théorèmes connus. Le plus célèbre des langages logiques est Prolog.

La programmation par objets est-elle une nouvelle catégorie dans cette classification ? Il est difficile de répondre à cette question. La programmation par objets est proche de la programmation impérative : en effet, là où la programmation impérative met l'accent sur la partie algorithmique de la formule de Wirth, la programmation par objets met l'accent sur la partie structure de données. Néanmoins, ceci n'est pas suffisant pour inclure la programmation par objets dans la programmation impérative, car l'approche des langages à objets s'applique aussi bien au modèle fonctionnel ou logique qu'au modèle impératif.

Classification selon le mode de calcul

Cette classification complète la précédente en distinguant deux modèles d'exécution d'un calcul :

- *Les langages séquentiels* correspondent à une exécution séquentielle de leurs instructions selon un ordre que l'on peut déduire du programme. Ces langages sont aujourd'hui les plus répandus, car ils correspondent à l'architecture classique des ordinateurs dans lesquels on a une seule unité de traitement (modèle de Von Neumann). Les langages à objets sont pour la plupart séquentiels.

- *Les langages parallèles* permettent au contraire à plusieurs instructions de s'exécuter simultanément dans un programme. L'essor de la programmation parallèle est dû à la disponibilité de machines à architecture parallèle. La programmation parallèle nécessite des langages spécialisés car les langages usuels ne fournissent pas les primitives de communication et de synchronisation indispensables. Or il s'avère que le modèle général de la programmation par objets est facilement parallélisable. Une classe de langages à objets, les langages d'acteurs, sont effectivement des langages parallèles.

Classification selon le typage

Cette classification considère la notion de *type* qui, dans les langages de programmation, est destinée à apporter une sécurité au programmeur : en associant un type à chaque expression d'un programme, on peut déterminer par une analyse statique, c'est-à-dire en observant le texte du programme sans l'exécuter, si le programme est correct du point de vue du système de types. Cela permet d'assurer que le programme ne provoquera pas d'erreur à l'exécution en essayant, par exemple, d'ajouter un booléen à un entier.

- Dans un *langage à typage statique*, on associe, par une analyse statique, un type à chaque expression du programme. C'est le système de types le plus sûr, mais aussi le plus contraignant. Pascal est l'exemple typique d'un langage à typage statique.

- Dans un *langage fortement typé*, l'analyse statique permet de vérifier que l'exécution du programme ne provoquera pas d'erreur de type, sans pour autant être capable d'associer un type à chaque expression. Ceci signifie que les types devront éventuellement être calculés à l'exécution pour contrôler celle-ci. Les langages qui offrent le polymorphisme paramétrique (ou généricité), comme ADA, sont fortement typés. La plupart des langages à objets typés sont fortement typés, et notamment Simula, Modula3 et C++.

- Dans un *langage faiblement typé*, on ne peut assurer, par la seule analyse statique, que l'exécution d'un programme ne provoquera pas d'erreur liée au système de types. Il est donc nécessaire de calculer et de contrôler les types à l'exécution, ce qui justifie l'appellation de *langage à typage dynamique*.

Parmi les langages à objets, Eiffel est faiblement typé car une partie du contrôle de types doit être réalisée à l'exécution.

- Dans un *langage non typé*, la notion de type n'existe pas, et il ne peut donc y avoir de contrôle sur la validité du programme vis-à-vis des types. Ainsi, Lisp est un langage non typé, de même que le langage à objets Smalltalk.

La notion de type apporte une sécurité de programmation indispensable dans la réalisation de gros systèmes. De plus, comme nous allons le voir, elle permet de rendre l'exécution des programmes plus efficace. C'est donc une notion importante, et l'on peut constater que les langages à objets couvrent une grande partie de la classification ci-dessus. C'est ce critère qui va nous servir à structurer la suite de ce livre en distinguant d'un côté les *langages typés* (fortement ou faiblement), d'autre part les *langages non typés*. De nombreux travaux sont consacrés actuellement à l'étude des systèmes de types dans les langages à objets car le concept d'héritage, qui est l'un des fondements des langages à objets, nécessite des systèmes de types qui n'entrent pas dans les cadres étudiés jusqu'à présent.

Classification selon le mode d'exécution

Cette classification porte sur la façon dont l'exécution du programme est réalisée. Le mode d'exécution n'est pas à proprement parler une caractéristique d'un langage, mais une caractéristique de l'*implémentation* d'un langage.

- *Les langages interprétés* permettent à l'utilisateur d'entrer des expressions du langage et de les faire exécuter immédiatement. Cette approche offre l'avantage de pouvoir tester et modifier rapidement un programme au détriment de la vitesse d'exécution. Outre la vitesse d'exécution, les langages interprétés ont généralement pour inconvénient d'être moins sûrs, car de nombreux contrôles sémantiques sont réalisés au fur et à mesure de l'interprétation et non dans une phase préliminaire de compilation. Beaucoup de langages à objets sont interprétés, et tirent avantage de cette apparente faiblesse pour donner une plus grande souplesse à l'exécution des programmes. Ainsi, une modification ponctuelle d'un programme peut avoir des effets (contrôlés) sur l'ensemble de l'exécution, ce qui permet notamment de construire des environnements sophistiqués pour la mise au point des programmes.

- *Les langages compilés* nécessitent une phase de compilation avant de passer à l'exécution proprement dite d'un programme. Le but de la compilation est essentiellement de produire du code directement exécutable par la machine, donc plus efficace. Pour cela, le compilateur utilise en général les informations qui lui sont fournies par le système de types du langage. C'est ainsi que la plupart des langages typés sont compilés. De manière générale, les langages interprétés sont plus nombreux que les langages compilés car la réalisation d'un compilateur est une tâche complexe, surtout si l'on veut engendrer du code machine efficace. Les langages à objets n'échappent pas à cette règle, et il existe peu de langages à objets compilés.

- *Les langages semi-compilés* ont les caractéristiques des langages interprétés mais, pour une meilleure efficacité, ils utilisent un compilateur de manière invisible pour l'utilisateur. Ce compilateur traduit tout ou partie du programme dans un code intermédiaire ou directement en langage machine. Si le compilateur engendre un code intermédiaire, c'est un interpréteur de ce code qui réalisera l'exécution du programme. Les langages à objets considérés comme interprétés sont souvent semi-compilés, comme Smalltalk ou le langage de prototypes Self.

Classification selon la modularité

Cette dernière classification analyse la façon dont les langages permettent au programmeur de réaliser des modules et d'encapsuler les données. La modularité et l'encapsulation assurent une plus grande sécurité de programmation et fournissent la base de la réutilisation.

- *Absence de modularité* : le programmeur doit, par des conventions de programmation et de nommage, prendre en charge la modularité. C'est notamment le cas de Pascal qui oblige à donner des noms différents à toutes les variables, procédures et fonctions globales, et ne permet pas de cacher des définitions autrement que par les règles de visibilité (procédures imbriquées), ce qui est insuffisant. Le langage C offre une modularité selon le découpage du programme en fichiers, en permettant de déclarer des variables ou fonctions privées à un fichier. En revanche, il n'offre pas la possibilité d'imbrication des procédures et fonctions.

- *Modularité explicite* : certains langages offrent la notion de module comme concept du langage, que l'on peut composer avec d'autres notions. Par exemple, en Ada, la notion de « package » permet d'implémenter un module, et se combine avec la généricité pour autoriser la définition de modules génériques (paramétrés par des types).

- *Modularité implicite* : les langages à objets fournissent une modularité que l'on peut qualifier d'implicite dans la mesure où celle-ci ne fait pas appel à des structures particulières du langage. Au contraire, la notion de module est implicite et indissociable de celle de classe.

La programmation par objets est une forme de programmation modulaire dans laquelle l'unité de modularité est fortement liée aux structures de données du langage. Par comparaison, le langage Ada offre une modularité beaucoup plus indépendante des structures de données et de traitement du langage. La modularité est souvent considérée comme un atout important pour la réutilisation des programmes. De ce point de vue, les langages à objets permettent une réutilisation bien plus importante que la plupart des autres langages.

La programmation par objets comme un style

De ce tour d'horizon, il faut conclure que la programmation par objets est plus une approche générale de la programmation qu'un type facilement classable. De fait, on voit aujourd'hui de nombreuses « extensions objets » à des langages existant : Pascal Objet, Lisp Objet, Cobol Objet, etc. Si certaines de ces extensions ne sont pas toujours un succès, il est un fait que les principes de la programmation par objets sont applicables dans un grand nombre de contextes.

1.2 HISTORIQUE

La figure 1 présente la généalogie des principaux langages à objets. On y distingue deux pôles autour des langages Simula et Smalltalk.

La famille Simula

Le langage Simula est considéré comme le précurseur des langages à objets. Développé dans les années 60 pour traiter des problèmes de simulation de processus physiques (d'où son nom), Simula a introduit la notion de classe et d'objet, la notion de méthode et de méthode virtuelle. Ces concepts restent à la base des langages à objets typés et compilés, comme on le verra en détail dans le chapitre 3. Simula a été créé dans la lignée du langage Algol, langage typé de l'époque dont Pascal s'est également inspiré.

Les langages de la famille Simula sont des langages impératifs typés et généralement compilés. L'intérêt d'un système de types est de permettre un plus grand nombre de contrôles sémantiques lors de la compilation, et d'éviter ainsi des erreurs qui ne se manifesteraient qu'à l'exécution. Typage et compilation sont deux concepts indépendants : on peut imaginer des langages typés interprétés et des langages non typés compilés. C'est néanmoins rarement le cas, car les informations déduites du typage permettent de générer du code plus efficace, ce qui encourage à compiler les langages typés.

Simula a inspiré nombre de langages à objets. Certains d'entre eux sont maintenant largement plus connus et répandus que Simula, comme C++ et Eiffel. Plusieurs langages ont été conçus

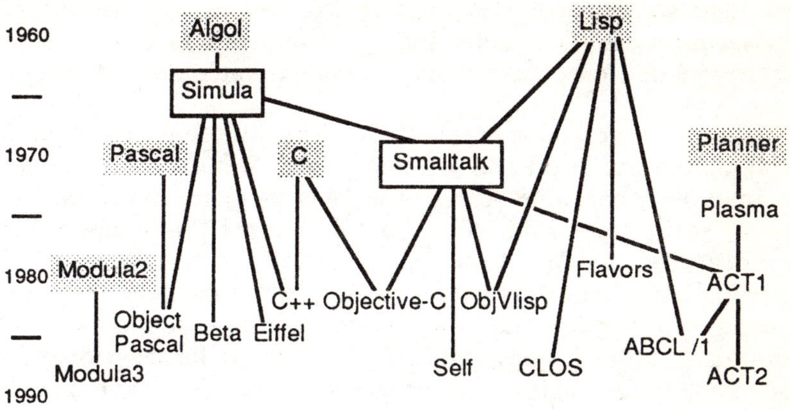

Figure 1 - Généalogie des principaux langages à objets

en ajoutant des concepts des langages à objets à un langage existant. Ainsi, Classcal et son descendant Object Pascal ajoutent des classes au langage Pascal, Modula3 est une révision majeure de Modula2 incluant des objets, C++ est construit à partir de C. Une telle approche présente avantages et inconvénients : il est commode de prendre un langage existant aussi bien pour les concepteurs que pour les utilisateurs car cela évite de tout réinventer ou de tout réapprendre. D'un autre côté, certains aspects du langage de base peuvent se révéler néfastes pour l'adjonction de mécanismes des langages à objets.

La famille Smalltalk

Dans les années 70, sous l'impulsion d'Alan Kay, ont commencé aux laboratoires Xerox PARC des recherches qui ont conduit au langage Smalltalk, considéré par beaucoup comme le prototype des langages à objets. De fait, c'est Smalltalk plutôt que Simula qui est à l'origine de la vague des langages à objets depuis les années 80.

Smalltalk s'inspire de Simula pour les concepts de classes, d'objets et de méthodes, mais adopte une approche influencée par Lisp pour ce qui concerne l'implémentation : Smalltalk est un langage semi-compilé dans lequel tout est décidé lors de l'exécution. Comme dans Lisp, la souplesse due à l'aspect interprété de l'exécution est largement exploitée par le langage.

D'un point de vue conceptuel, Smalltalk introduit la notion de métaclasse qui n'est pas présente dans Simula. Cette notion permet de donner une description méta-circulaire du langage de telle sorte que l'on peut réaliser assez simplement un interpréteur de Smalltalk en Smalltalk. Cet aspect méta-circulaire est également présent dans Lisp, et dans de nombreux langages interprétés. Dans le cas de Smalltalk, les métaclasses sont accessibles à l'utilisateur de façon naturelle, et permettent de nombreuses facilités de programmation. L'introduction du modèle méta-circulaire dans Smalltalk date de la première version du langage (Smalltalk-72). Les versions suivantes (Smalltalk-76 et Smalltalk-80) ont affiné, amélioré et enrichi ce modèle. D'autres langages inspirés de Smalltalk sont allés plus loin dans cette direction, notamment ObjVLisp et Self.

La meilleure preuve de la puissance de Smalltalk est l'ensemble des programmes réalisés en Smalltalk, et l'intense activité de recherche autour du langage, de ses concepts ou de ses langages dérivés. Parmi les réalisations, il faut noter l'environnement de programmation Smalltalk, réalisé à Xerox PARC et implémenté lui-même en Smalltalk. Cet environnement, qui inclut un système d'exploitation, est le premier environnement graphique a avoir été largement diffusé.

Smalltalk a inspiré de nombreux langages de programmation. Alors que Smalltalk est un langage natif, la plupart des langages qu'il a inspirés sont réalisés au-dessus de Lisp. Il s'avère que Lisp fournit une base au-dessus de laquelle il est facile de construire des mécanismes d'objets. On peut néanmoins regretter que dans nombre de cas le langage sous-jacent reste accessible, ce qui donne à l'utilisateur deux modes de programmation largement incompatibles : le mode fonctionnel de Lisp et le mode de programmation par objets. Certaines incarnations de Lisp intègrent les notions d'objets de façon presque native, comme Le_Lisp et CLOS (CommonLisp Object System).

Autres familles, autres langages

Si les familles Simula et Smalltalk représentent une grande partie des langages à objets, il existe d'autres langages inclassables, d'autres familles en cours de formation.

Ainsi le langage Objective-C est un *langage hybride* qui intègre le langage C avec un langage à objets de type Smalltalk. Plutôt qu'une intégration, on peut parler d'une coexistence entre ces deux aspects, car on passe explicitement d'un univers à l'autre par des délimiteurs syntaxiques. Les entités d'un univers peuvent être transmises à l'autre, mais elles sont alors des objets opaques que l'on ne peut manipuler. L'intérêt de cette approche est de donner à l'utilisateur un environnement compilé et typé (composante C) et un environnement interprété non typé (composante Smalltalk). Parmi les logiciels réalisés en Objective-C, le plus connu est certainement Interface Builder, l'environnement de construction d'applications interactives de la machine NeXT.

Une autre famille est constituée par les *langages de prototypes*. Ces langages, au contraire des langages à objets traditionnels, ne sont pas fondés sur les notions de classes et d'objets, mais uniquement sur la notion de prototype. Un prototype peut avoir les caractéristiques d'une classe, ou d'un objet, ou bien des caractéristiques intermédiaires entre les deux. D'une certaine façon, ces langages poussent le concept des objets dans ses derniers retranchements et permettent d'explorer de nouveaux paradigmes de programmation.

Une dernière famille est constituée de langages parallèles appelés *langages d'acteurs*. Dans un programme écrit avec un tel langage, chaque objet, appelé acteur, est un processus qui s'exécute de façon autonome, émettant et recevant des messages d'autres acteurs. Lorsqu'un acteur envoie un message à un autre acteur, il peut continuer son activité, sans se soucier de ce qu'il advient du message. Le parallélisme est donc introduit par une simple modification du mode de communication entre les objets. Comparé aux modèles de parallélisme mis en œuvre dans d'autres langages, comme les tâches de Ada, la simplicité et l'élégance du modèle des acteurs est surprenante. Cela fait des langages d'acteurs un moyen privilégié d'exploration du parallélisme.

1.3 PLAN DU LIVRE

Ce livre a pour but de présenter les principes fondamentaux des langages à objets et les principales techniques de programmation par objets. Il ne prétend pas apprendre à programmer avec tel ou tel langage à objets. À cet effet, les exemples sont donnés dans un pseudo-langage à la syntaxe proche de Pascal. Ceci a pour but une présentation plus homogène des différents concepts.

Le prochain chapitre présente les principes généraux qui sont à la base de la programmation par objets. Les trois chapitres suivants présentent les grandes familles de langages à objets : les langages à objets typés, c'est-à-dire les langages de la famille de Simula (chapitre 3) ; les langages à objets non typés, et en particulier Smalltalk (chapitre 4) ; les langages de prototypes et les langages d'acteurs (chapitre 5). Le dernier chapitre présente un certain nombre de techniques usuelles de la programmation par objets et une ébauche de méthodologie.

Une connaissance des principes de base des langages de programmation en général et de Pascal en particulier est supposée dans l'ensemble de l'ouvrage. Les chapitres 3 et 4 sont indépendants. Les lecteurs qui préfèrent Lisp à Pascal peuvent lire le chapitre 4 avant le chapitre 3.

Chapitre 2

PRINCIPES DE BASE

Un langage à objets utilise les notions de *classe* et d'*instance*, que l'on peut comparer aux notions de type et de variable d'un langage tel que Pascal. La classe décrit les caractéristiques communes à toutes ses instances, sous une forme similaire à un type enregistrement (« record » Pascal). Une classe définit donc un ensemble de *champs*. De plus, une classe décrit un ensemble de *méthodes*, qui sont les opérations réalisables sur les instances de cette classe. Ainsi une classe est une entité autonome. Au lieu d'appliquer des procédures ou fonctions globales à des variables, on invoque les méthodes des instances. Cette invocation est souvent appelée *envoi de message*. De fait, on peut considérer que l'on envoie un message à une instance pour qu'elle effectue une opération, c'est-à-dire pour qu'elle détermine la méthode à invoquer.

On utilise souvent le terme d'*objet* à la place d'instance. Le terme « instance » insiste sur l'appartenance à une classe : on parle d'une instance d'une classe donnée. Le terme « objet » réfère de façon générale à une entité du programme (qui peut être une instance, mais aussi un champ, une classe, etc.).

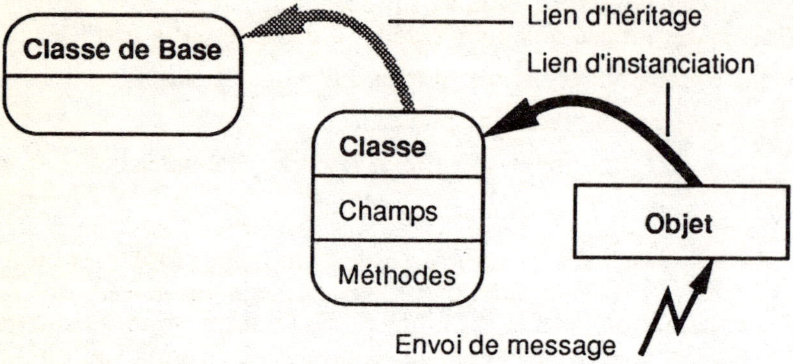

Figure 2 - Illustration des notions de base

L'*héritage* est la dernière notion de base des langages à objets : une classe peut être construite à partir d'une classe existante, dont elle étend ou modifie la description. Ce mécanisme de structuration est fondamental dans les langages à objets ; il est décrit dans la section 2.3 de ce chapitre.

La figure 2 décrit ces quatre notions de base, et introduit les conventions que nous utiliserons dans les autres figures.

2.1 CLASSES ET INSTANCES

La notion d'objet ou instance recouvre toute entité d'un programme écrit dans un langage à objets qui stocke un état et répond à un ensemble de messages. Cette notion est à comparer avec la notion usuelle de variable : une variable stocke un état, mais n'a pas la capacité par elle-même d'effectuer des traitements. On utilise pour cela dans les langages classiques des sous-programmes, fonctions ou procédures. Ceux-ci prennent des variables en paramètre, peuvent les modifier et peuvent retourner des valeurs.

Dans un langage classique, on définirait par exemple un type *Pile* et des procédures pour accéder à une pile ou la modifier :

- *Empiler*, qui prend une pile et une valeur à empiler ;
- *Dépiler*, qui prend une pile ;
- *Sommet*, qui prend une pile et retourne une valeur.

Cette séparation entre variables et procédures dans les langages classiques est la source de nombreux problèmes en ce qui concerne l'encapsulation : pour des raisons de sécurité de programmation, on ne souhaite pas que n'importe quelle procédure puisse accéder au contenu de n'importe quelle variable. On est alors amené à introduire la notion de *module*. Un module exporte des types, des variables et des procédures. De l'extérieur, les types sont *opaques* : leur implémentation n'est pas accessible. On ne peut donc manipuler les variables de ce type que par l'intermédiaire des procédures exportées par le module. À l'intérieur du module, l'implémentation des types est décrite, et est utilisable par les corps des procédures.

Ainsi, on peut encapsuler la notion de pile dans un module. Ce module exporte un type *Pile*, et les procédures *Empiler*, *Dépiler* et *Sommet*, dont l'implémentation n'est pas connue de l'extérieur. Par cette technique, un utilisateur du module ne pourra pas modifier une pile autrement que par les procédures fournies par le module, ce qui assure l'intégrité d'une pile.

Le module constitue donc le moyen de regrouper types et procédures, pour construire des types abstraits. Les langages Clu, Ada et ML, parmi d'autres, offrent de telles possibilités. Dans les langages qui n'offrent pas de modularité (Pascal, C, Lisp etc.), le programmeur doit faire preuve d'une grande rigueur pour reproduire artificiellement, c'est-à-dire sans aide du langage, l'équivalent de modules.

L'approche des langages à objets consiste à intégrer d'emblée la notion de variable et de procédures associées dans la notion d'objet. L'encapsulation est donc fournie sans mécanisme additionnel. De même qu'une variable appartient à un type dans un langage classique, dans un langage à objets un objet

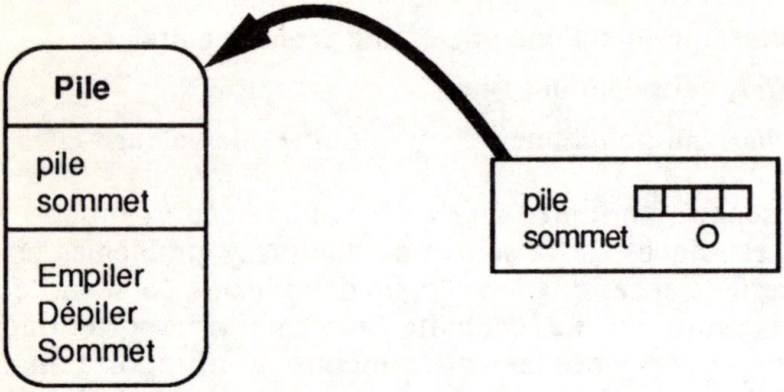

Figure 3 - La classe *Pile* et une instance

appartient à une classe. La *classe* est à la fois un type et un module : elle contient une description de type, sous forme de *champs*, ainsi qu'un ensemble de procédures associées à ce type, appelées *méthodes*.

Définir une classe

On définira ainsi une classe *Pile* par :

- un état représentant la pile (tableau, liste, etc.), constitué de champs. Pour une représentation par tableau, on aura ainsi deux champs : le tableau lui-même et l'indice du sommet courant.
- la méthode *Empiler*, qui prend une valeur en paramètre.
- la méthode *Dépiler*.
- la méthode *Sommet*, qui retourne une valeur.

On crée des objets à partir d'une classe par le mécanisme d'*instanciation*. Le résultat de l'instanciation d'une classe est un objet, appelé instance de la classe (voir figure 3). L'instanciation est similaire à la création d'une variable d'un type enregistrement. L'instance créée stocke un état constitué d'une valeur pour chacun de ses champs. Les champs sont eux-mêmes des objets. Un certain nombre de classes sont prédéfinies dans les langages, telles que la classe des entiers, des caractères, etc.

L'encapsulation, c'est-à-dire l'accès contrôlé aux objets, est assurée naturellement par les classes. Bien que différant d'un langage à l'autre, comme nous le verrons, on peut considérer dans un premier temps que les champs sont *privés* alors que les méthodes sont *publiques*. Ceci signifie que les champs sont visibles uniquement depuis le corps des méthodes de la classe, alors que les méthodes sont visibles de l'extérieur. Nous allons maintenant décrire le mécanisme d'invocation des méthodes.

2.2 MÉTHODES ET ENVOI DE MESSAGE

Dans les langages à objets, les objets stockent des valeurs, et les méthodes permettent de manipuler les objets. Ceci est comparable aux langages classiques, dans lesquels les variables stockent des valeurs et les procédures et fonctions permettent de manipuler les variables. Mais, contrairement aux procédures et fonctions qui sont des entités globales du programme, les méthodes appartiennent aux classes des objets. Au lieu d'appeler une procédure ou fonction globale, on invoque une méthode *d'un objet*. L'exécution de la méthode est alors réalisée dans le contexte de cet objet.

L'invocation d'une méthode est souvent appelée *envoi de message*. On peut en effet considérer que l'on envoie à un objet, par exemple une pile, un message, par exemple « empiler la valeur 20 ». Dans un langage classique, on appellerait la procédure *Empiler* avec comme paramètres la pile elle-même et la valeur 20.

Cette distinction est fondamentale. En effet, l'envoi de message implique que c'est le *receveur* (ici la pile) qui décide comment empiler la valeur 20, grâce à la méthode détenue par sa classe. Au contraire, l'appel de procédure des langages classiques implique que c'est la procédure (ici *Empiler*) qui décide quoi faire de ses arguments, dans ce cas la pile et la valeur 20. En d'autres termes, la programmation impérative ou fonctionnelle privilégie le contrôle (procédures et fonctions) alors que la programmation par objets privilégie les données (les objets), et décentralise le contrôle dans les objets.

Le corps d'une méthode est exécuté dans le contexte de l'objet receveur du message. On a donc directement et naturellement accès aux champs et méthodes de l'objet receveur. C'est en fait seulement dans le corps des méthodes que l'on a accès aux parties privées de l'objet, c'est-à-dire en général ses champs (les langages diffèrent sur la définition des parties privées).

La définition conjointe des champs et des méthodes dans les classes est à la base du mécanisme d'héritage, que nous allons maintenant décrire.

2.3 L'HÉRITAGE

La notion d'héritage est propre aux langages à objets. Elle permet la définition de nouvelles classes à partir de classes existantes. Supposons que l'on veuille programmer le jeu des Tours de Hanoi. On dispose de trois tours ; sur la première sont empilés des disques de taille décroissante. On veut déplacer ces disques sur l'une des deux autres tours en respectant les deux règles suivantes :

- on ne peut déplacer qu'un disque à la fois ;
- on ne peut poser un disque sur un disque plus petit.

Le comportement d'une tour est similaire à celui d'une pile : on peut empiler ou dépiler des disques. Cependant on ne peut empiler un disque que s'il est de diamètre inférieur au sommet courant de la tour.

Si l'on utilise un langage classique qui offre l'encapsulation, on est confronté à l'alternative suivante :

- utiliser une pile pour représenter chaque tour, et s'assurer que chaque appel de la procédure *Empiler* est précédé d'un test vérifiant la validité de l'empilement.
- créer un nouveau module, qui exporte un type opaque *Tour* et les procédures *Empiler*, *Dépiler*, et *Sommet*. L'implémentation de *Tour* est une pile ; la procédure *Empiler* réalise le contrôle nécessaire avant d'empiler un disque. Les procédures *Dépiler* et *Sommet* appellent leurs homologues de la pile.

Aucune de ces deux solutions n'est satisfaisante. La première ne fournit pas d'abstraction correspondant à la notion de tour. La seconde est la seule acceptable du point de vue de l'abstraction mais présente de multiples inconvénients :

- Il faut écrire des procédures inutiles : *Dépiler* du module *Tour* ne fait qu'appeler *Dépiler* du module *Pile* ;
- Si l'on ajoute une fonction *Profondeur* dans le module *Pile*, elle ne sera accessible pour l'utilisateur de *Tour* que si l'on définit également une fonction *Profondeur* dans le module *Tour* comme on l'a fait pour *Dépiler* ;
- Le problème est encore plus grave si l'on décide d'enlever la fonction *Profondeur* du module *Pile* : la fonction *Profondeur* de *Tour* appelle maintenant une fonction qui n'existe plus ;
- Il n'est pas possible d'accéder directement à l'implémentation de la pile dans le module *Tour*, à cause de l'encapsulation. On ne peut pas ajouter la fonction *Profondeur* dans *Tour* sans définir une fonction équivalente dans *Pile*.

Ce que l'on cherche en réalité est la spécialisation d'une pile pour en faire une tour, en créant un lien privilégié entre les modules *Pile* et *Tour*. C'est ce que permet l'héritage par la définition d'une classe *Tour* qui hérite de *Pile*.

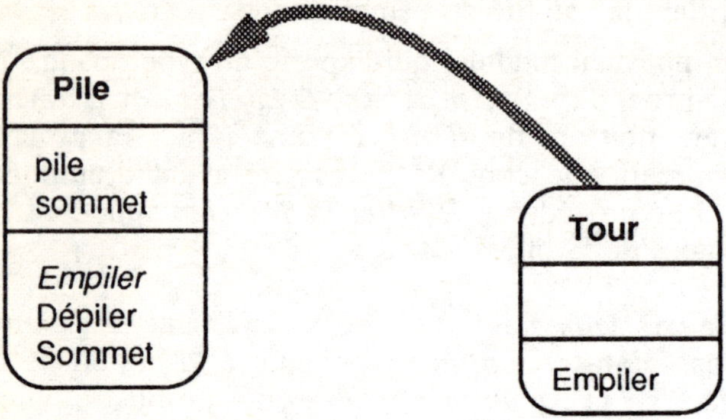

Figure 4 - La classe *Tour* hérite de la classe *Pile*

Définir une classe par héritage

Lorsqu'une classe *B* hérite d'une classe *A*, les instances de *B* contiennent les mêmes champs que ceux de *A*, et les méthodes de *A* sont également disponibles dans *B*. De plus, la sous-classe *B* peut :

- définir de nouveaux champs, qui s'ajoutent à ceux de sa classe de base *A* ;
- définir de nouvelle méthodes, qui s'ajoutent à celles héritées de *A* ;
- redéfinir des méthodes de sa classe de base *A*.

Enfin, les méthodes définies ou redéfinies dans *B* ont accès aux champs et méthodes de *B*, mais aussi à ceux de *A*.

Ces propriétés montrent le lien privilégié qui unit *B* à *A*. En particulier, si l'on ajoute des champs et/ou des méthodes à *A*, il n'est pas nécessaire de modifier *B*. Il en est de même si l'on retire des champs et/ou des méthodes de *A*, sauf bien sûr s'ils étaient utilisés dans les méthodes définies ou redéfinies dans *B*.

Dans notre exemple, on se bornera à redéfinir la méthode *Empiler*, pour faire le contrôle de la taille des disques et appeler la méthode *Empiler* de *Pile* si l'opération est valide (voir figure 4). Dans ce cas, on dira que l'on a spécialisé la classe *Pile* car on a seulement redéfini l'une de ses méthodes. Si l'on définissait de nouvelles méthodes dans la classe *Tour* (par exemple initialiser la tour avec *N* disques de taille décroissante), on aurait enrichi la classe *Pile*. Ce simple exemple montre déjà que l'héritage peut servir à réaliser deux opérations : la spécialisation et l'enrichissement.

L'arbre d'héritage

Telle que nous l'avons présentée, la notion d'héritage induit une forêt d'arbres de classes : une classe *A* représentée par un nœud d'un arbre a pour sous-classes les classes représentées par ses fils dans l'arbre. Les racines des arbres de la forêt sont les classes qui n'héritent pas d'une autre classe.

Si *C* hérite de *B* et *B* hérite de *A*, on dira par extension que *C* hérite de *A*. On dira indifféremment :

- *B* hérite de *A*
- *B* est une *sous-classe* de *A*
- *B* dérive de *A*
- *B* est une *classe dérivée* de *A*
- *A* est une (la) *superclasse* de *B*
- *A* est une (la) *classe de base* de *B*

Dans les deux dernières phrases, on emploie l'article défini pour indiquer que *A* est l'antécédent direct de *B* dans l'arbre d'héritage.

Certains langages imposent une classe de base unique pour toutes les autres, appelée souvent *Objet*. Dans ce cas, la relation d'héritage définit un arbre et non une forêt. Par abus de langage, on parle dans tous les cas de l'*arbre d'héritage*.

2.4 L'HÉRITAGE MULTIPLE

L'héritage que nous avons défini est dit *héritage simple* car une classe a au plus une classe de base. Une généralisation de l'héritage simple, l'*héritage multiple*, consiste à autoriser une classe à hériter directement de plusieurs classes.

Ainsi si la classe *B* hérite de *A1*, *A2*, ... *An*, on a les propriétés suivantes :

- les champs des instances de *B* sont l'union des champs de *A1*, *A2*, ... *An* et des champs propres de *B* ;
- les méthodes définies pour les instances de B sont l'union des méthodes définies dans *A1*, *A2*, ... *An* et des méthodes définies dans *B*. *B* peut également redéfinir des méthodes de ses classes de base.

L'arbre ou la forêt d'héritage devient alors un graphe. Pour éviter des définitions récursives on interdit d'avoir des cycles dans le graphe d'héritage. En d'autres termes, on interdit à une classe d'être sa propre sous-classe, même indirectement.

Cette extension, apparemment simple, cache en fait de multiples difficultés, qui ont notamment trait aux problèmes de collision de noms dans l'ensemble des champs et méthodes héritées. Certaines de ces difficultés ne pourront être développées que dans la description plus détaillée des chapitres suivants.

Une difficulté intrinsèque de l'héritage multiple est la gestion de l'héritage répété d'une classe donnée : si *B* et *C* héritent de *A* par un héritage simple, et *D* hérite de *B* et de *C*, alors *D* hérite deux fois de *A*, par deux chemins *D-B-A* et *D-C-A* dans le graphe d'héritage (figure 5). Faut-il pour autant qu'une instance de *D* contienne deux fois les champs définis dans *A*, ou bien faut-il les partager ?

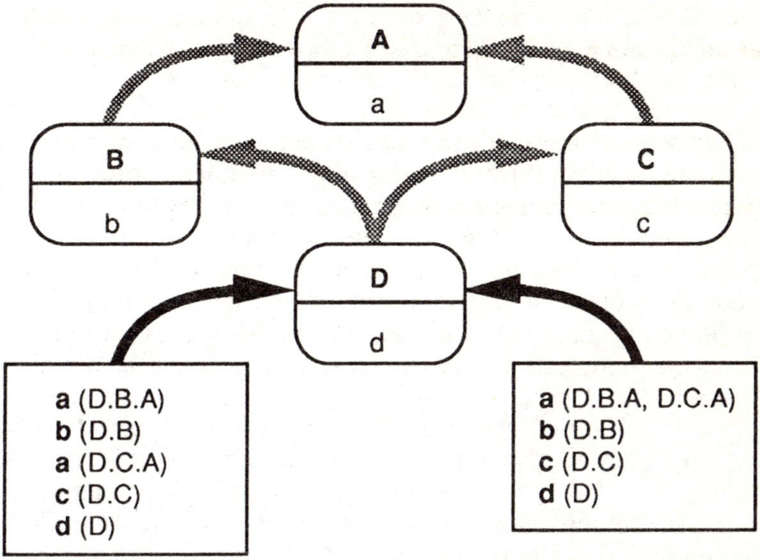

Figure 5 - Deux interprétations de l'héritage multiple

Selon les situations, on souhaitera l'une ou l'autre solution, comme le montrent les deux exemples suivants.

Soit *A* la classe des engins à moteur, qui contient comme champs les caractéristiques du moteur. Soit *B* la classe des automobiles et *C* la classe des grues. *D* est donc la classe des grues automobiles. Les deux interprétations de l'héritage multiple sont possibles : si l'on hérite deux fois de la classe des engins à moteur, la grue automotrice a deux moteurs : l'un pour sa partie automobile, l'autre pour sa partie grue. Si l'on hérite une seule fois de l'engin à moteur, on a un seul moteur qui sert à la fois à déplacer le véhicule et à manœuvrer la grue.

Soit maintenant *A* la classe des objets mobiles, contenant les champs position et vitesse. Soit *B* la classe des bateaux, qui contient par exemple un champ pour le tonnage, et soit *C* la classe des objets propulsés par le vent, qui contient un champ pour la surface de la voile. *D* est alors la classe des bateaux à voile. Une instance de *D* a bien entendu une seule position et une seule vitesse, et dans ce cas il faut partager les champs de *A* hérités par différents chemins.

L'héritage multiple n'offre pas de réponse satisfaisante à ce problème. La première interprétation correspond à une composition de classes, la seconde à une combinaison. Le mécanisme de l'héritage est certainement imparfait pour capturer à la fois les notions de spécialisation, d'enrichissement, de composition et de combinaison. Mais l'héritage n'est pas le seul moyen de définir des classes ! L'un des pièges qui guettent le programmeur utilisant un langage à objets est la mauvaise utilisation de l'héritage. La question qu'il faut se poser à chaque définition de classe est la suivante : faut-il que *B* hérite de *A*, ou bien *B* doit-elle contenir un champ qui soit une instance de *A* ? *B* est-il une sorte de *A* ou bien *B* contient-il un *A* ? Nous reviendrons au chapitre 6 sur la pratique de la programmation par objets, et en particulier sur ces problèmes.

2.5 LE POLYMORPHISME

La notion de *polymorphisme* recouvre la capacité pour un langage de décrire le comportement d'une procédure de façon indépendante de la nature de ses paramètres. Ainsi la procédure qui échange les valeurs de deux variables est polymorphe si l'on peut l'écrire de façon indépendante du type de ses paramètres. De façon similaire la procédure *Empiler* est polymorphe si elle ne dépend pas du type de la valeur à empiler.

Comme le polymorphisme est défini par rapport à la notion de type, il ne concerne que les langages typés. On distingue plusieurs types de polymorphisme, selon la technique employée pour sa mise en œuvre :

- *Le polymorphisme ad hoc* consiste à écrire plusieurs fois le corps de la procédure, pour chacun des types de paramètres souhaités. C'est ce que l'on appelle souvent la *surcharge* : on peut définir *Echanger (Entier, Entier)* et *Echanger (Disque, Disque)* de façon indépendante, de même que *Empiler (Pile,*

Entier) et *Empiler (Pile, Disque).* Ce type de polymorphisme est généralement résolu de façon statique (à la compilation). Il utilise le système de types pour déterminer quelle incarnation de la procédure il faut appeler, en fonction des types effectifs des paramètres de l'appel.

- *Le polymorphisme d'inclusion* est fondé sur une relation d'ordre partiel entre les types : si le type *B* est inférieur selon cette relation d'ordre au type *A*, alors on peut passer un objet de type *B* à une procédure qui attend un paramètre de type *A*. Dans ce cas la définition d'une seule procédure définit en réalité une famille de procédures pour tous les types inférieurs aux types mentionnés comme paramètres. Si *Entier* et *Disque* sont tous deux des types inférieurs à *Objet*, on pourra définir les procédure *Echanger (Objet, Objet)* et *Empiler (Pile, Objet)*.

- *Le polymorphisme paramétrique* consiste à définir un modèle de procédure, qui sera ensuite incarné avec différents types. Il est implémenté par la *généricité*, qui consiste à utiliser des types comme paramètres. Ainsi si l'on définit la procédure *Echanger (<T>, <T>)*, on pourra l'incarner avec *<T>* = *Entier* ou *<T>* = *Disque*. On peut faire de même pour *Empiler (Pile, <T>)*.

Ces trois types de polymorphisme existent dans divers langages classiques. En Pascal le polymorphisme existe mais n'est pas accessible à l'utilisateur ; on ne peut donc pas le qualifier puisque sa mise en œuvre est implicite. Par exemple les opérateurs arithmétiques sont polymorphes : l'addition, la soustraction, etc. s'appliquent aux entiers, aux réels, et même aux ensembles. De même, les procédures d'entrée-sortie *read* et *write* sont polymorphes puisqu'elles s'appliquent à différents types de paramètres.

Ada offre un polymorphisme ad hoc par la possibilité de surcharge des noms de procédures et des opérateurs. Il offre également un polymorphisme paramétrique par la possibilité de définir des fonctions génériques. En revanche le polymorphisme d'inclusion est limité car très peu de types sont comparables par une relation d'ordre.

Le polymorphisme dans les langages à objets

La définition du polymorphisme est dépendante de la notion de type. Pourtant, tous les langages à objets ne sont pas typés. Un *langage à objets typé* est un langage à objets dans lequel chaque classe définit un type, et dans lequel on déclare explicitement les types des objets que l'on utilise. Les langages à objets typés fournissent naturellement le polymorphisme ad hoc et le polymorphisme d'inclusion. Certains langages offrent le polymorphisme paramétrique mais il ne fait pas partie des principes de base présentés dans ce chapitre.

Le polymorphisme ad hoc provient de la possibilité de définir dans deux classes indépendantes (c'est-à-dire n'ayant pas de relation d'héritage) des méthodes de même nom. Le corps de ces méthodes est défini indépendamment dans chaque classe, mais du point de vue de l'utilisateur, on peut envoyer le même message à deux objets de classes différentes. Ce polymorphisme ad hoc est intrinsèque aux langages à objets : il ne nécessite aucun mécanisme particulier, et découle simplement du fait que chaque objet est responsable du traitement des messages qu'il reçoit.

La définition de plusieurs méthodes de même nom dans une même classe ou dans des classes ayant une relation d'héritage est une forme de polymorphisme ad hoc qui n'est pas implicite dans les langages à objets, bien que la plupart d'entre eux offrent cette possibilité de surcharge. De plus, la redéfinition d'une méthode dans une classe dérivée, avec le même nom et les mêmes paramètres que dans la classe de base, ne constitue pas une surcharge mais une *redéfinition* de méthode, comme nous l'avons vu dans la description de l'héritage (section 2.5).

Les langages à objets disposent également naturellement d'un polymorphisme d'inclusion que l'on appelle aussi *polymorphisme d'héritage*. En effet, la hiérarchie des classes (dans le cas de l'héritage simple) induit un ordre partiel : si *B* hérite de *A* (directement ou indirectement), alors *B* est inférieur à *A*. Toute méthode de *A* est alors applicable à un objet de classe *B* : c'est ainsi que l'on a défini l'héritage des méthodes. Le polymorphisme d'héritage nous permet donc d'appliquer la méthode *Sommet* de la classe *Pile* à un objet de la classe *Tour*, puisque *Tour* est une sous-classe de *Pile*.

Le polymorphisme d'héritage s'applique également à l'héritage multiple, en définissant une relation d'ordre partiel compatible avec le graphe d'héritage de la façon suivante : une classe *B* est inférieure à une classe *A* si et seulement si il existe un chemin orienté de *B* vers *A* dans le graphe d'héritage. Le graphe étant sans cycle, on ne peut avoir à la fois un chemin orienté de *A* vers *B* et un chemin orienté de *B* vers *A*, ce qui assure la propriété d'antisymétrie.

Le polymorphisme d'héritage s'applique non seulement au receveur des messages, mais également au passage de paramètres des méthodes : si une méthode prend un paramètre formel de classe *A*, on peut lui passer un paramètre réel de classe *B* si *B* est inférieur à *A*. Ainsi la méthode *Empiler* prend un paramètre de classe *Entier*. On peut lui passer un paramètre de classe *Disque*, si *Disque* hérite de *Entier*.

Liaison statique et liaison dynamique

Le polymorphisme d'héritage interdit aux langages à objets un typage exclusivement statique : un objet déclaré de classe *A* peut en effet contenir, à l'exécution, un objet d'une sous-classe de *A*. Les langages à objets sont donc au mieux fortement typés, ce qui a des conséquences importantes pour la compilation de ces langages. Dans un langage à typage statique, le compilateur peut déterminer quelle méthode de quelle classe est effectivement appelée lors d'un envoi de message : on appelle cette technique la *liaison statique*.

Lorsque le typage statique ne peut être réalisé, on doit avoir recours à la *liaison dynamique*, c'est-à-dire la détermination à l'exécution de la méthode à appeler. La liaison dynamique fait perdre un avantage important des langages compilés :

l'efficacité du code engendré par le compilateur. La liaison dynamique doit aussi être utilisée dans les langages non typés, car l'absence de système de types interdit toute détermination a priori de la méthode invoquée par un envoi de message. Dans les deux cas, nous verrons les techniques employées pour rendre la liaison dynamique efficace.

Les liens étroits entre polymorphisme, typage, et mode de liaison déterminent en grande partie les compromis réalisés par les différents langages à objets entre puissance d'expression du langage, sécurité de programmation, et performance à l'exécution. De ce point de vue, il n'existe pas aujourd'hui de langage idéal, et il est probable qu'il ne puisse en exister.

2.6 LES MÉTACLASSES

Nous avons défini jusqu'à présent la notion d'objet de façon assez vague : un objet doit appartenir à une classe. Certains langages permettent de considérer une classe comme un objet ; en temps qu'objet, cette classe doit donc être l'instance d'une classe. On appelle la classe d'une classe une *métaclasse* (voir figure 6).

La description que nous avons donnée d'une classe ressemble effectivement à celle d'un objet : une classe contient la liste des noms des champs de ses instances et le dictionnaire des méthodes que l'on peut invoquer sur les instances. La liste des champs d'une métaclasse a donc deux éléments : la liste des noms de champs et le dictionnaire des méthodes. L'instanciation est une opération qui est réalisée par une classe ; c'est donc une méthode de la métaclasse.

Une métaclasse peut également stocker d'autres champs et d'autres méthodes. Ainsi, l'arbre d'héritage étant une relation entre les classes, chaque classe contient un champ qui désigne sa classe de base (représenté par les flèches grises épaisses dans les figures). Une méthode de la métaclasse permet de tester si une classe est sous-classe d'une autre classe.

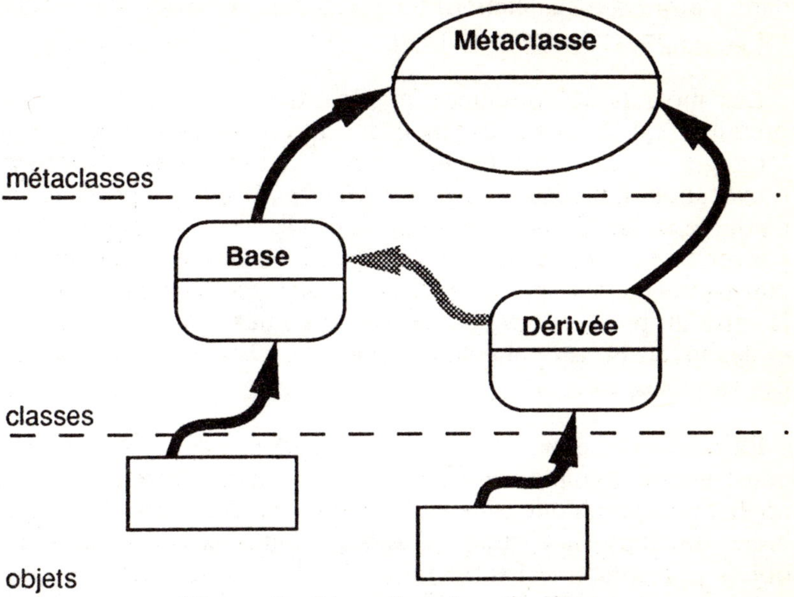

Figure 6 - La notion de métaclasse

Plusieurs modèles de métaclasses existent. Le plus simple consiste à avoir une seule métaclasse (appelée par exemple *Métaclasse*). Le plus complet permet de définir arbitrairement des métaclasses. Cela autorise par exemple la redéfinition de l'instanciation ou l'ajout de méthodes de classes (définies dans la métaclasse). Un modèle intermédiaire, celui de Smalltalk-80, prévoit exactement une métaclasse par classe. L'environnement de programmation se charge de créer automatiquement la métaclasse pour toute classe créée par le programmeur. Ce dernier peut définir des *méthodes de classes*, qui sont stockées dans le dictionnaire de la métaclasse. Cette approche rend les métaclasses pratiquement transparentes pour le programmeur, et offre un compromis satisfaisant dans la plupart des applications.

Dans tous les cas, la notion de métaclasse induit une régression à l'infini : en effet, une métaclasse est une classe, donc un objet, et a donc une classe ; cette classe a donc une métaclasse, qui est un objet, etc. Cette régression est court-circuitée par une boucle dans l'arbre d'instanciation. Par exemple, la classe *Métaclasse* est sa propre métaclasse.

Les métaclasses ont deux applications bien différentes. La première est de permettre une définition méta-circulaire d'un langage et de rendre accessible ses propres structures d'exécution. On appelle cela la *réification.* Cette propriété existe également en Lisp et permet d'écrire très simplement un interprète Lisp en Lisp. Un langage réifié permet également de construire facilement des moyens d'introspection pour aider à la mise au point des programmes : trace des envois de message et des invocations de méthodes, trace des changements de valeur des variables, etc.

La deuxième application des métaclasses est de permettre la construction dynamique de classes. Prenons l'exemple d'une application graphique interactive dans laquelle l'utilisateur peut créer de nouveaux objets graphiques utilisables comme les objets primitifs (cercles, rectangles, etc.). Chaque nouvel objet graphique, lorsqu'il est transformé en modèle, donne lieu à la création d'une nouvelle classe. Cette nouvelle classe est créée par instanciation d'une métaclasse existante. En l'absence de métaclasses, il faudrait d'une façon ou d'une autre simuler ce mécanisme, ce qui peut être fastidieux.

Disposer de métaclasses dans un langages à objets signifie que l'on peut dynamiquement (à l'exécution) définir de nouvelles classes et modifier des classes existantes. Cela interdit donc tout typage statique, et c'est la raison pour laquelle les métaclasses ne sont disponibles que dans les langages non typés. Certains langages typés utilisent néanmoins implicitement des métaclasses, en autorisant par exemple la redéfinition des méthodes d'instanciation. Il est également possible de définir des objets qui jouent le rôle des métaclasses pour la représentation, à l'exécution, de l'arbre d'héritage. Mais la pleine puissance des métaclasses reste réservée aux langages non typés.

Chapitre 3

LANGAGES À OBJETS TYPÉS

Ce chapitre présente les langages à objets typés, dont Simula est l'ancêtre. Ce dernier étant peu utilisé aujourd'hui, ce sont les langages plus récents C++, Eiffel et Modula3 qui nous serviront de base. La première version de C++ a été définie en 1983 par Bjarne Stroustrup aux Bell Laboratories, le même centre de recherches où sont nés Unix et le langage C. Eiffel est un langage créé à partir de 1985 par Bertrand Meyer de Interactive Software Engineering, Inc. Modula3 est une nouvelle version de Modula développée depuis 1988 au Systems Research Center de DEC sous l'impulsion de Luca Cardelli et Greg Nelson.

Nous utilisons pour les exemples un pseudo-langage dont la syntaxe, inspirée en grande partie de Pascal, se veut intuitive. Nous donnons ci-dessous la description de ce langage sous forme de notation BNF étendue, avec les conventions suivantes :

- les mots clés du langage sont en caractères gras ;
- les autres terminaux sont en italique ;

- les crochets indiquent les parties optionnelles ;
- la barre verticale dénote l'alternative ;
- les parenthèses servent à grouper des parties de règles ;
- + indique la répétition au moins une fois ;
- * indique la répétition zéro ou plusieurs fois ;
- les indicateurs de répétition peuvent être suivis d'une virgule ou d'un point-virgule qui indique le séparateur à utiliser lorsqu'il y a plus d'un élément dans la liste ;

```
prog        ::=  ( classe | méthode )+
classe      ::=  id-cls = classe [id-cls +,] {
                       [champs champs+]
                       [méthodes méthodes+]
                 }
champs      ::=  id-champ +, : type ;
méthodes    ::=  procédure id-proc (param*;) ;
            |    fonction id-fonc (param*;) : type ;
type        ::=  id-cls | entier | booléen
            |    tableau [ const .. const ] de type
param       ::=  id-param +, : type
méthode     ::=  procédure id-cls.id-proc (param*;)  bloc
            |    fonction id-cls.id-fonc (param*;): type  bloc
bloc        ::=  { [decl+] instr*; }
decl        ::=  id-var +, : type ;
instr       ::=  var := expr
            |    [var.]id-proc (expr*,)
            |    tantque expr-bool faire instr
            |    si expr-bool alors corps [sinon instr]
            |    pour id-var := expr à expr faire instr
            |    retourner [expr]
            |    bloc
var         ::=  id(.id-champ)*  | var [ expr ]
id          ::=  id-var | id-param | id-champ
```

```
expr        ::=  var | const
             |   [var.]id-fonc (expr*,)
             |   expr ( + | - | * | / ) expr
expr-bool   ::=  expr ( < | > | = | ≠ ) expr
             |   expr-bool ( et | ou ) expr-bool
             |   non expr-bool
```

Pour compléter cette description, il convient de préciser que les commentaires sont introduits par deux tirets et se poursuivent jusqu'à la fin de la ligne.

3.1 CLASSES, OBJETS, MÉTHODES

Définir une classe

La notion de classe d'objets est une extension naturelle de la notion de type enregistrement. En effet, une classe contient la description d'une liste de champs, complétée par la description d'un ensemble de méthodes.

Notre classe *Pile* peut s'écrire :

```
Pile = classe {
    champs
        pile : tableau [1..N] de entier;
        sommet : entier;
    méthodes
        procédure Empiler (valeur: entier);
        procédure Dépiler ();
        fonction Sommet () : entier;
}
```

La déclaration d'un objet correspond à l'instanciation :

```
p1 : Pile;
```

L'invocation des méthodes d'un objet utilise l'opérateur point (« . »), qui permet traditionnellement l'accès à un champ d'un enregistrement. On peut donc considérer que les méthodes se manipulent comme des champs de l'objet :

```
p1.Empiler (10);
p1.Empiler (15);
p1.Dépiler ();
s := p1.Sommet ();          -- s vaut 10
```

Cette notation indique clairement quel est le receveur du message (ici *p1*), la méthode invoquée, et ses paramètres. Comme l'envoi de message nécessite impérativement un receveur, on ne peut invoquer les méthodes autrement que par cette notation pointée :

~~Empiler (10)~~

n'a pas de sens car on ne connaît pas le receveur du message, sauf s'il y a un receveur implicite, comme nous le verrons plus loin.

Cette même notation pointée permet d'accéder aux champs de l'objet :

```
p1.pile [5];
```

Les règles de visibilité empêchent généralement un tel accès aux champs. Comme nous l'avons vu au chapitre 2, les champs sont d'un accès privé tandis que les méthodes sont d'un accès public. Ceci signifie que les champs d'un objet sont accessibles seulement par cet objet, alors que les méthodes sont accessibles par tout objet grâce à l'envoi de message.

Définir des méthodes

La déclaration d'une classe contient les en-têtes des méthodes. Nous allons décrire leurs corps de façon séparée. Pour cela, nous utiliserons la notation *classe.méthode* qui permet une qualification complète de la méthode. En effet, deux méthodes de même nom peuvent être définies dans deux classes différentes. Rappelons que cela constitue la première forme de polymorphisme offerte par les langages à objets, le polymorphisme ad hoc.

Selon les langages, la façon de déclarer les corps des méthodes varie. La notation que nous avons choisie est inspirée de C++. Eiffel adopte une autre convention qui consiste à mettre les déclarations de méthodes dans un bloc associé à la classe où elles sont définies, ce qui pourrait être transcrit de la façon suivante dans notre pseudo-langage :

```
Pile = classe {
    procédure Empiler (valeur : entier) {
        -- corps de Empiler
    }
    -- etc.
}
```

La notation qualifiée que nous avons adoptée ici permet de séparer la déclaration de la classe de la déclaration des corps des méthodes, mais les deux mécanismes sont strictement équivalents.

Dans notre exemple, si l'on omet les tests de validité des opérations (pile vide, pile pleine), on a les définitions de corps de méthodes suivantes :

```
procédure Pile.Empiler (valeur: entier) {
    -- attention : pas de test de débordement
    sommet := sommet + 1;
    pile [sommet] := valeur;
}
procédure Pile.Dépiler () {
    -- attention : pas de test de pile vide
    sommet := sommet - 1;
}
fonction Pile.Sommet () : entier {
    retourner pile [sommet];
}
```

Une méthode est toujours invoquée avec un objet receveur, qui sert de contexte à son exécution. L'accès aux champs de l'objet receveur (*pile* et *sommet* dans notre exemple) se fait en mentionnant directement leurs noms.

Pour être plus précis, les entités accessibles depuis une méthode sont :

- l'objet receveur,
- les champs de l'objet receveur,
- les méthodes de l'objet receveur,
- les paramètres de la méthode,
- les variables locales de la méthode,
- les objets déclarés de façon globale au programme.

Les champs des objets et les paramètres étant eux-mêmes des objets, on peut invoquer leurs méthodes. Pour illustrer cela, supposons l'existence d'une classe *Fichier* et écrivons de nouvelles méthodes pour la classe *Pile* (ces méthodes doivent être ajoutées à la déclaration de la classe *Pile*) :

```
procédure Pile.Écrire (sortie : Fichier) {
    pour i := 1 à sommet faire sortie.Écrire (pile [i]);
}
procédure Pile.Vider () {
    tantque sommet > 0 faire Dépiler ();
}
```

Pile.Écrire invoque la méthode *Écrire* du paramètre *sortie*. Elle écrit sur ce fichier l'ensemble des éléments de la pile. Nous supposons ici que *Écrire* est une méthode de la classe *Fichier.Pile.Vider* invoque la méthode *Dépiler* sans la qualifier par un receveur, ce qui semble contraire à ce que nous avons dit plus haut. Mais ici on est dans le contexte d'un objet receveur de classe *Pile*, qui devient le receveur implicite de *Dépiler* (voir figure 7). C'est par un mécanisme identique que *sommet* représente le champ *sommet* de l'objet receveur du message.

La pseudo-variable *moi*

Bien que l'objet receveur soit implicite en ce qui concerne l'accès aux champs et aux méthodes, il est parfois nécessaire de le référencer explicitement, par exemple pour le passer en

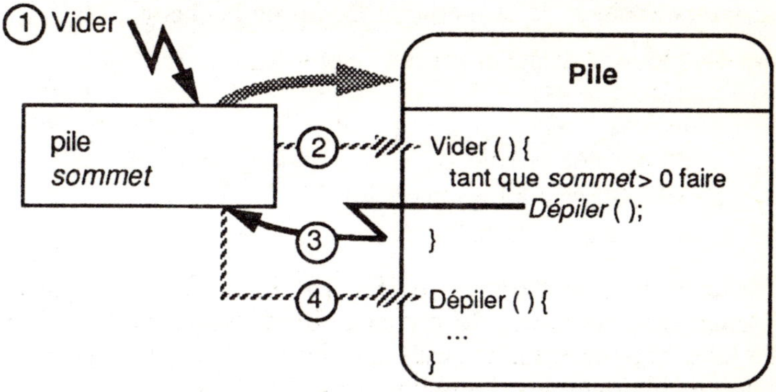

Figure 7 - Accès aux champs et aux méthodes.
Les flèches hachurées représentent l'invocation de méthode

paramètre à une autre méthode. Selon les langages, il porte le nom réservé de « *self* » (Modula3, mais aussi Smalltalk), « *Current* » (Eiffel), « *this* » (C++). Nous l'appellerons « *moi* ». *Moi* n'est pas à proprement parler un objet, mais une façon de référencer le receveur de la méthode en cours d'exécution. On utilise pour cela le terme de *pseudo-variable.*

L'exemple suivant illustre l'utilisation de *moi*. Les classes *Sommet* et *Arc* permettent de représenter un graphe. Un sommet est relié à un ensemble d'arcs, et un arc relie deux sommets.

```
Sommet = classe {
    champs
        -- représentation des arcs adjacents
    méthodes
        procédure Ajouter (a : Arc);
}
Arc = classe {
    champs
        départ, arrivée : Sommet;
    méthodes
        procédure Relier (s1, s2 : Sommet);
}
```

Écrivons le corps de la méthode *Relier* de la classe *Arc* :

```
procédure Arc.Relier (s1, s2 : Sommet) {
    départ := s1;
    arrivée := s2;
    s1.Ajouter (moi);
    s2.Ajouter (moi);
}
```

Cet exemple montre qu'il est indispensable de pouvoir référencer explicitement le receveur du message dans le corps de la méthode invoquée : c'est l'arc qui reçoit le message *Relier* qui doit être ajouté aux sommets *s1* et *s2*.

On peut également utiliser la pseudo-variable *moi* pour qualifier les champs et les méthodes locales, mais cela n'apporte rien sinon une notation plus lourde. La méthode *Vider* de la classe *Pile* pourrait ainsi s'écrire comme suit :

```
procédure Pile.Vider () {
    tantque moi.sommet > 0 faire moi.Dépiler ();
}
```

Les classes primitives

Nous avons utilisé pour définir la classe *Pile* un champ de type entier et un champ de type tableau, considérant ces types comme prédéfinis dans le langage. Le statut de ces types prédéfinis varie d'un langage à l'autre. En général, les types atomiques (entier, booléen, caractère) ne sont pas des classes et on ne peut en hériter. Les types structurés comme les tableaux sont parfois accessibles comme des classes génériques.

On peut toujours construire une classe qui contient un champ d'un type prédéfini. Malheureusement, à moins de disposer de mécanismes de conversion implicite entre types atomiques et classes, on ne peut utiliser ces classes de façon transparente.

Par exemple, si l'on définit la classe *Entier*, contenant un champ de type *entier*, comme suit :

```
Entier = classe {
    champs
        valeur : entier;
    méthodes
        procédure Valeur (v : entier);
}
procédure Entier.Valeur (v : entier) {
    valeur := v;
}
```

et si l'on change le type *entier* par la classe *Entier* dans la classe *Pile*, on ne peut plus écrire

```
p1.Empiler (10);
```

car 10 est une valeur du type prédéfini *entier*, et non un objet de la classe *Entier*. Sans mécanisme particulier du langage, il faut écrire :

```
v : Entier;
v.Valeur (10);
p1.Empiler (v);
```

La différence de statut entre types atomiques et classes résulte d'un compromis dans l'efficacité de l'implémentation des langages à objets typés. Cette différence ne pose que peu de problèmes dans la pratique, bien qu'elle soit peu satisfaisante pour l'esprit.

3.2 HÉRITAGE

Nous allons maintenant présenter comment est mis en œuvre l'un des concepts de base des langages à objets : l'héritage. Nous allons pour cela présenter les deux principales utilisations de l'héritage, la spécialisation et l'enrichissement.

Spécialisation par héritage

Nous définissons maintenant une sous-classe de la classe *Pile*, la classe *Tour*. Rappelons qu'une tour est une pile dont les valeurs sont décroissantes.

```
Tour = classe Pile {
    méthodes
        procédure Initialiser (n : entier);
        fonction PeutEmpiler (valeur : entier) : booléen;
        procédure Empiler (valeur : entier);
}
```

L'héritage est mentionné dans l'en-tête de la déclaration (comparer avec la déclaration de la classe *Pile*). La procédure *Initialiser* empile *n* disques de tailles décroissantes :

```
procédure Tour.Initialiser (n : entier) {
    sommet := 0;
    pour i := n à 1 faire Empiler (i);
}
```

Initialiser invoque la méthode *Empiler*, qui est redéfinie dans la classe *Tour*. Définissons maintenant les corps des méthodes *PeutEmpiler* et *Empiler* :

```
fonction Tour.PeutEmpiler (valeur : entier) : booléen {
    si sommet = 0
        alors retourner vrai;
        sinon retourner valeur < Sommet ();
}
```

La méthode *PeutEmpiler* référence le champ *sommet* de sa classe de base ainsi que la méthode *Sommet* définie également dans la classe de base. Elle teste si la valeur peut être empilée, c'est-à-dire si la tour est vide ou sinon si la valeur est plus petite que le sommet courant de la tour. *Empiler* utilise *PeutEmpiler* pour décider de l'empilement effectif de la valeur :

```
procédure Tour.Empiler (valeur : entier) {
    si PeutEmpiler (valeur)
        alors Pile.Empiler (valeur);
        sinon erreur.Écrire ("impossible d'empiler");
}
```

On suppose ici l'existence d'un objet global *erreur*, de la classe *Fichier*, qui permet de communiquer des messages à l'utilisateur grâce à sa méthode *Écrire*.

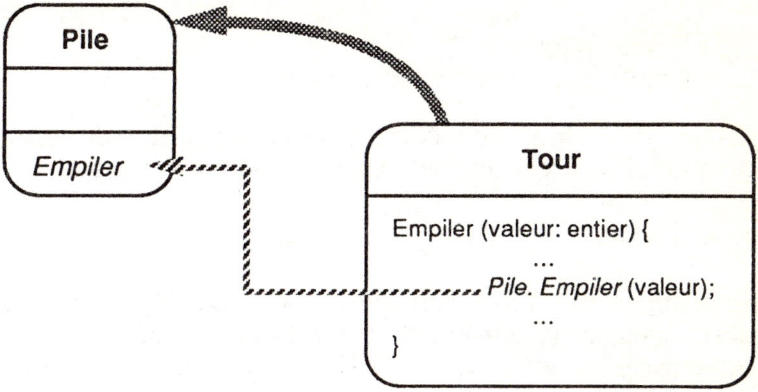

Figure 8 - Spécialisation de la méthode *Empiler*

L'appel de *Pile.Empiler (valeur)* mérite quelques explications. La classe *Tour* est une spécialisation de la classe *Pile*, c'est-à-dire que l'on a simplement redéfini une méthode de la classe *Pile*. Dans cette situation, la méthode redéfinie a souvent besoin de référencer la méthode de même nom dans la classe de base. Si l'on avait écrit

```
Empiler (valeur)
```

on aurait provoqué un appel récursif, puisque l'on est dans le corps de la méthode *Empiler* de la classe *Tour*. La notation

```
Pile.Empiler (valeur)
```

permet de qualifier le nom de la méthode appelée. Comme *Tour* hérite de *Pile*, la méthode *Empiler* de *Pile* est accessible dans le contexte courant, mais elle est cachée par sa redéfinition dans la classe *Tour* (voir figure 8). La notation qualifiée permet l'accès à la méthode de la classe de base, dans le contexte de l'objet receveur. Elle ne peut être utilisée que dans cette situation.

Une fois la classe *Tour* définie, on peut en déclarer des instances et invoquer des méthodes :

```
t : Tour;
...
t.Empiler (10);
```

```
t.Dépiler;
t.Empiler (20);
t.Empiler (5);      -- impossible d'empiler
```

Comme on l'a dit, les méthodes de la classe de base restent accessibles. Dans cet exemple, *t.Dépiler* invoque *Pile.Dépiler*.

Enrichissement par héritage

Nous allons maintenant définir une classe dérivée de la classe *Tour* en ajoutant la possibilité de représenter graphiquement la tour. Pour cela nous supposons l'existence des classes *Fenêtre* et *Rectangle*, avec les définitions partielles suivantes :

```
Fenêtre = classe {
    méthodes
        procédure Effacer ();
}

Rectangle = classe {
    méthodes
        procédure Centre (posX, posY : entier);
        procédure Taille (largeur, hauteur : entier);
        procédure Dessiner (f : Fenêtre);
}
```

TourG est une sous-classe de *Tour* définie comme suit :

```
TourG = classe Tour {
    champs
        f : Fenêtre;
        x, y : entier;
    méthodes
        procédure Placer (posX, posY : entier);
        procédure Dessiner ();
        procédure Empiler (valeur: entier);
        procédure Dépiler ();
}
```

Il s'agit ici d'un enrichissement : trois nouveaux champs indiquent la fenêtre de l'écran dans laquelle sera affichée la tour, et la position de la tour dans cette fenêtre. Chaque étage de la tour sera représenté par un rectangle de taille proportionnelle à la valeur entière qui le représente dans la tour. Deux nouvelles méthodes permettent d'affecter une position à la tour et de dessiner la tour. Enfin, les méthodes *Empiler* et *Dépiler* sont redéfinies afin d'assurer que la tour est redessinée à chaque modification. Le corps des méthodes est décrit ci-dessous.

Placer affecte la position de la tour et la redessine.

```
procédure TourG.Placer (posX, posY : entier) {
    x := posX;
    y := posY;
    Dessiner ();
}
```

Dessiner commence par effacer la fenêtre, puis redessine la tour étage par étage. *Dessiner* est similaire dans son principe à la méthode *Écrire* définie auparavant dans la classe *Pile.*

```
procédure TourG.Dessiner () {
    rect : Rectangle;
    f.Effacer ();
    pour i := 1 à sommet faire {
        rect.Centre (x, y - i);
        rect.Taille (pile [i], 1);
        rect.Dessiner (f);
    }
}
```

Empiler et *Dépiler* invoquent la méthode de même nom dans la classe de base *Tour* et redessinent la tour. On pourrait bien sûr optimiser l'affichage, mais ce n'est pas l'objet de l'exemple.

```
procédure TourG.Empiler (valeur: entier) {
    Tour.Empiler (valeur);
    Dessiner ();
}
```

```
procédure TourG.Dépiler () {
    Tour.Dépiler ();
    Dessiner ();
}
```

Il est à noter que *Tour.Dépiler* n'a pas été définie. En fait la classe *Tour* hérite *Dépiler* de la classe *Pile*, donc *Tour.Dépiler* est identique à *Pile.Dépiler*. Néanmoins, il serait imprudent d'utiliser *Pile.Dépiler* directement car on peut être amené à redéfinir *Dépiler* dans *Tour*.

3.3 HÉRITAGE MULTIPLE

L'héritage multiple permet d'utiliser plusieurs classes de base. La classe *TourG*, par exemple, représente une tour qui sait s'afficher dans une fenêtre. En changeant légèrement de point de vue, on peut considérer que la classe *TourG* est à la fois une tour et une fenêtre. On a alors un héritage multiple de *Tour* et de *Fenêtre* (figure 9). Voyons la définition de la classe *TourGM* ainsi obtenue :

```
TourGM = classe Tour, Fenêtre {
    champs
        x, y : entier;
    méthodes
        procédure Placer (posX, posY : entier);
        procédure Dessiner ();
        procédure Empiler (valeur: entier);
        procédure Dépiler ();
}
```

L'héritage multiple est mentionné en faisant apparaître la liste des classes de base dans l'en-tête de la déclaration. Le champ *f* n'apparaît plus : il est remplacé par l'héritage de *Fenêtre*.

La seule méthode qui change par rapport à la classe *TourG* est la méthode *Dessiner* :

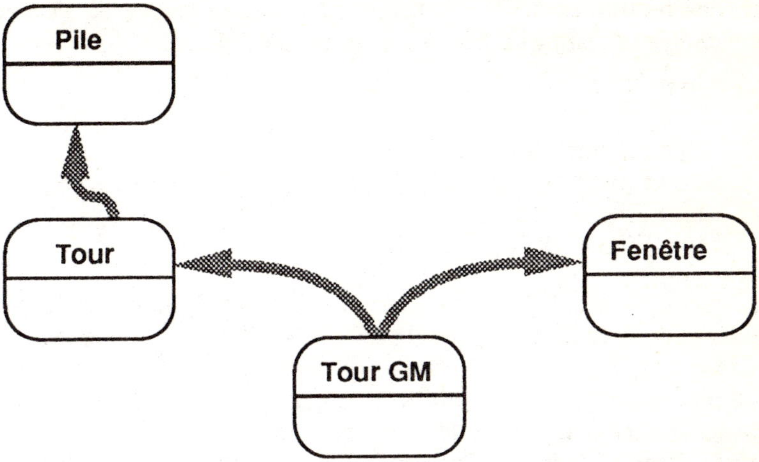

Figure 9 - Héritage multiple de la classe *TourGM*

```
procédure TourGM.Dessiner () {
    rect : Rectangle;
    Effacer ();
    pour i := 1 à sommet faire {
        rect.Centre (x, y - i);
        rect.Taille (pile [i], 1);
        rect.Dessiner (moi);
    }
}
```

On constate que l'invocation de la méthode *Effacer* n'est plus qualifiée par le champ *f*. En effet, cette méthode est maintenant héritée de la classe *Fenêtre*. Par ailleurs, l'invocation de la méthode *Dessiner* prend comme argument la pseudo-variable *moi*. En effet, *TourGM* hérite maintenant de *Fenêtre*, donc une *TourGM* est une fenêtre : on utilise ici le polymorphisme d'héritage sur le paramètre de la méthode *Dessiner*.

Bien que les différences entre les implémentations de *TourG* et *TourGM* soient minimes, l'effet de l'héritage multiple est plus important qu'il n'y paraît. En effet, alors que *TourG* n'hérite que des méthodes de *Tour*, *TourGM* hérite de celles de *Tour* et de *Fenêtre*. Il est donc tout à fait possible d'écrire :

```
tgm : TourGM;
...
tgm.Placer (100, 100);
tgm.Empiler (20);
tgm.Empiler (10);
tgm.Effacer ();
```

L'invocation d'*Effacer* est correcte puisque *Effacer* est héritée de *Fenêtre*. Pour un objet de la classe *TourG*, cet envoi de message aurait été illicite. On voit donc que le choix d'implémenter une tour graphique par la classe *TourG* ou la classe *TourGM* dépend du contexte d'utilisation dans l'application. L'héritage, comme l'héritage multiple, ne doit pas être utilisé comme une facilité d'implémentation, mais comme une façon de spécifier des liens privilégiés entre classes.

L'héritage multiple crée cependant une ambiguïté : supposons que la classe *Fenêtre* définisse une méthode *Écrire*, qui imprime son état. La classe *Tour* de son côté hérite une méthode *Écrire* de la classe *Pile*. Que se passe-t-il si l'on écrit :

```
tgm.Écrire (fich);
```

Il y a un conflit car la classe *TourGM* hérite deux fois de la méthode *Écrire*. Les langages résolvent ce problème de différentes manières :

- l'ordre de l'héritage multiple détermine une priorité entre les classes ; dans notre cas *TourGM* hérite d'abord de *Tour*, puis de *Fenêtre*, donc *Tour.Écrire* masque *Fenêtre.Écrire*. Le résultat est donc d'imprimer la tour, c'est-à-dire la pile.
- il faut qualifier l'invocation de la méthode, par exemple *tgm.Fenêtre.Écrire (fich)*. Cela suppose donc que l'utilisateur connaisse le graphe d'héritage, ce qui ne favorise pas l'idée d'encapsulation et d'abstraction. C'est le mécanisme choisi par Modula3 et C++.
- il faut renommer, lors de l'héritage, les méthodes qui engendrent des conflits. On peut ainsi hériter de *Tour*, et de

Fenêtre en renommant la méthode *Écrire* héritée de fenêtre en *ÉcrireF*. *tgm.Écrire(fich)* imprime donc la tour, alors que *tgm.ÉcrireF(fich)* imprime la fenêtre. C'est le mécanisme imposé par Eiffel, et disponible en C++.

- il faut définir une méthode *Écrire* dans la classe *TourGM*, qui lèvera le conflit en masquant les deux méthodes *Écrire*.

La dernière méthode est toujours réalisable. Dans notre exemple, on pourrait définir cette méthode de la façon suivante :

```
procédure TourGM.Écrire (sortie : Fichier) {
    Tour.Écrire (sortie);
    Fenêtre.Écrire (sortie);
    sortie.Écrire (x);
    sortie.Écrire (y);
}
```

Cette méthode écrit la partie *Tour*, la partie *Fenêtre* et les champs propres de *TourGM*. Les invocations qualifiées *Tour.Écrire* et *Fenêtre.Écrire* lèvent l'ambiguïté en même temps qu'elles évitent l'appel récursif de *TourGM.Écrire*.

Lorsque des champs de plusieurs classes de base portent le même nom, les mêmes problèmes de conflits d'accès se posent. Ils sont résolus par un accès qualifié (en C++) ou par renommage (en Eiffel).

Nous avons évoqué au chapitre précédent d'autres problèmes concernant l'héritage multiple, et notamment l'héritage répété : que se passe-t-il si une classe hérite, directement ou indirectement, plusieurs fois de la même classe ? Faut-il dupliquer les champs de cette classe ou doivent-ils apparaître une seule fois ?

En C++, la notion de classe de base virtuelle permet de ne voir qu'une fois une classe de base qui est accessible par plusieurs chemins d'héritage. En Eiffel, le contrôle est plus fin car chaque champ d'une classe de base héritée plusieurs fois peut être dupliqué ou partagé, selon que le champ est renommé ou non.

3.4 LIAISON DYNAMIQUE

Tel que nous l'avons présenté, l'héritage des méthodes dans un langage à objets typé permet de déterminer de façon statique les invocations de méthodes : pour un objet *o* de la classe *A*, l'appel

```
o.m (paramètres)
```

est résolu en recherchant dans la classe *A* une méthode de nom *m*. Si elle n'est pas trouvée, la recherche se poursuit dans la classe de base de *A*, et ainsi de suite jusqu'à trouver la méthode ou atteindre la racine de l'arbre d'héritage. Si la méthode est trouvée, l'invocation de méthode est correcte, sinon elle est erronée.

Le compilateur peut profiter de cette recherche, destinée à vérifier la validité du programme, pour engendrer le code qui appelle directement la méthode trouvée. Cela évite une recherche similaire à l'exécution et rend donc le programme plus efficace. Cela s'appelle la *liaison statique*.

Malheureusement, le polymorphisme d'héritage rend cette optimisation invalide, comme le montre l'exemple suivant :

```
t : Tour ;
tg : TourG ;
...
t := tg ;
t.Empiler (10) ;  -- que se passe-t-il ?
```

L'affectation de la tour graphique *tg* à la tour simple *t* est correcte en vertu du polymorphisme d'héritage : une tour graphique est un cas particulier de tour, donc un objet de type tour peut référencer une tour graphique. En utilisant la liaison statique, le compilateur résout l'invocation d'*Empiler* par l'appel de *Tour.Empiler*, car *t* est déclaré de type *Tour*. Mais *t* contient en réalité, lors de l'exécution, un objet de classe *TourG*, et l'invocation de *Tour.Empiler* est invalide : il aurait fallu invoquer *TourG.Empiler*.

Dans cet exemple, le typage statique ne nous permet pas de savoir que *t* contient en réalité un objet d'une sous-classe de *Tour* et la liaison statique brise la sémantique du polymorphisme d'héritage.

Les méthodes virtuelles

Ce problème avait été noté dès Simula, et résolu en introduisant la notion de *méthode virtuelle* : en déclarant *Empiler* virtuelle, on indique d'utiliser une liaison dynamique et non plus une liaison statique : le contrôle de type a toujours lieu à la compilation, mais la détermination de la méthode à appeler a lieu à l'exécution, en fonction du type effectif de l'objet. On comprend aisément que la liaison dynamique est plus chère à l'exécution que la liaison statique, mais qu'elle est indispensable si l'on veut garder la sémantique du polymorphisme d'héritage.

L'exemple suivant montre une autre situation dans laquelle les méthodes virtuelles sont indispensables :

```
tg : TourG ;
tg.Initialiser (4);
```

On initialise une tour graphique avec quatre disques. Nous allons voir que là encore, il faut que *Empiler* ait été déclarée virtuelle. La procédure *Initialiser* est héritée de *Tour*. Voici comment nous l'avons définie :

```
procédure Tour.Initialiser (n : entier) {
    pour i := n à 1 faire Empiler (i);
}
```

Si *Empiler* n'est pas déclarée virtuelle, son invocation est résolue par liaison statique par l'appel de *Tour.Empiler*, puisque le receveur est considéré de classe *Tour*. Lorsque l'on invoque *tg.Initialiser(4)*, le receveur sera en réalité de classe *TourG*, et c'est la mauvaise version d'*Empiler* qui sera invoquée (voir figure 10). En déclarant *Empiler* virtuelle, ce problème disparaît. En l'occurrence, c'est *TourG.Empiler* qui sera invoquée, provoquant le dessin de la tour au fur et à mesure de son initialisation.

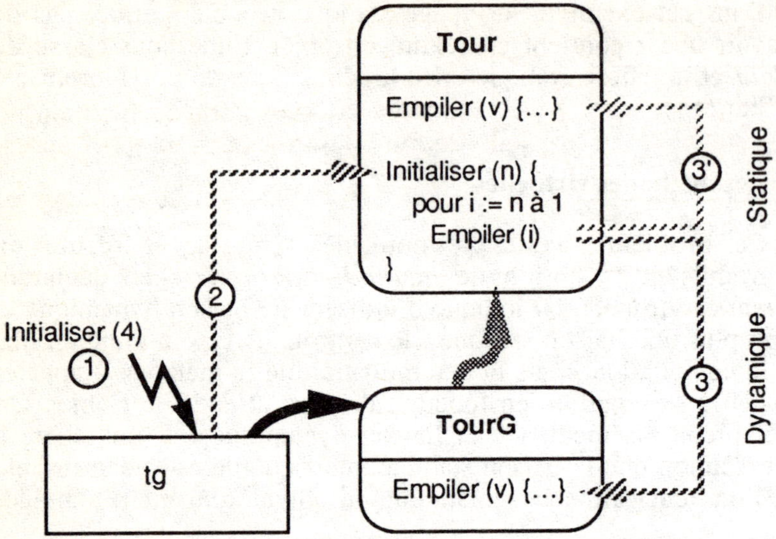

Figure 10 - Liaison statique contre liaison dynamique

L'utilisation extensive du polymorphisme dans les langages à objets pourrait laisser penser que toutes les méthodes doivent être virtuelles. C'est la solution choisie dans Eiffel et Modula3, qui assurent au programmeur que tout se passe comme si la liaison était toujours dynamique.

Par contre, C++ et Simula obligent à déclarer explicitement les méthodes virtuelles comme telles. Cela offre au programmeur la possibilité de choisir entre la sécurité de la liaison dynamique et l'efficacité de la liaison statique, à ses risques et périls. En pratique, on se rend compte qu'un nombre limité de méthodes ont effectivement besoin d'être virtuelles, mais qu'il est difficile de déterminer lesquelles, surtout lorsque les classes sont destinées à être réutilisées.

L'implémentation de la liaison dynamique

L'implémentation usuelle de la liaison dynamique consiste à attribuer à chaque méthode virtuelle un indice unique pour la

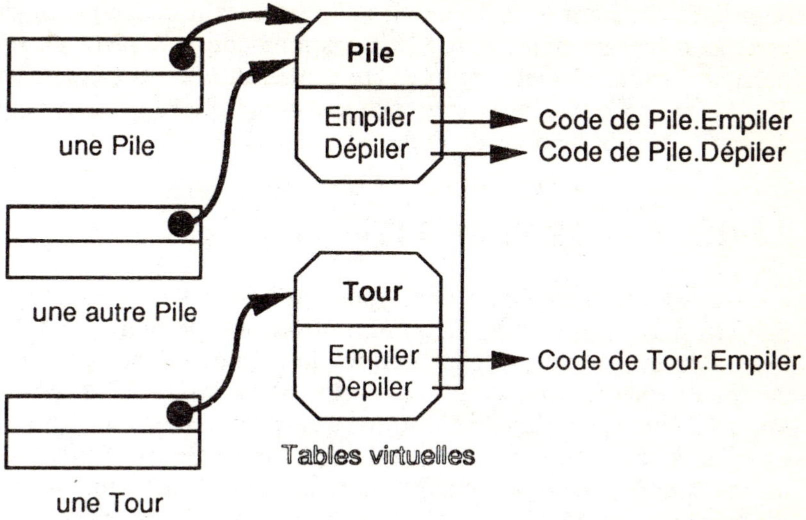

Figure 11 - Implémentation de la liaison dynamique

hiérarchie de classes à laquelle elle appartient. Lors de l'exécution, chaque classe est représentée par une table, qui contient pour un indice donné l'adresse de la méthode correspondante de cette classe. Chaque objet d'une classe contenant des méthodes virtuelles contient l'adresse de cette table (figure 11). L'invocation d'une méthode exige simplement une indirection dans cette table. Le coût de l'implémentation est donc le suivant :

- une table, dite *table virtuelle*, par classe ;
- un pointeur vers la table virtuelle par objet ;
- une indirection par invocation de méthode virtuelle.

On peut considérer ce coût comme acceptable, surtout si on le compare au coût d'invocation des méthodes dans les langages non typés (décrit à la fin de la section 4.3 du chapitre 4). On peut aussi considérer qu'il est inutile de supporter ce coût systématiquement, et c'est la raison pour laquelle Simula et C++ donnent le choix (et la responsabilité) au programmeur de déclarer virtuelles les méthodes qu'il juge utile. Modula3, au contraire, tire parti de la table virtuelle nécessaire à chaque objet pour autoriser un objet à redéfinir des méthodes : il suffit de lui créer une table virtuelle propre. On quitte alors le modèle strict des langages de classes, puisque ce n'est plus la classe qui détient le comportement de toutes ses instances.

3.5 RÈGLES DE VISIBILITÉ

La déclaration explicite des types dans un langage assure la détection d'erreurs dès la compilation, et permet donc au programmeur de se protéger contre lui-même. Un autre aspect de cette protection concerne les règles de visibilité, c'est-à-dire les mécanismes d'encapsulation qui permettent de limiter l'accès à des données et méthodes. Le rôle principal de l'encapsulation est de masquer les détails d'implémentation d'une classe afin d'éviter que des clients extérieurs puissent la modifier impunément. On peut alors modifier a posteriori les parties cachées sans effet perceptible pour les clients.

Nous avons considéré jusqu'à présent que les règles de visibilité étaient les suivantes :

- Les champs d'une classe sont visibles seulement dans le corps des méthodes de cette classe et de ses classes dérivées.
- Les méthodes d'une classe sont visibles de l'extérieur par tout client.

L'unité de l'encapsulation : classe ou objet

La première règle ci-dessus est ambiguë : soit une classe *A* et une méthode *m* de cette classe ; on peut comprendre la règle de deux façons :

- dans le corps de *m*, on a accès aux champs de n'importe quel objet de classe *A* (en particulier le receveur de *m*) ;
- dans le corps de *m*, on n'a accès qu'aux champs de son receveur. Par exemple, si *m* a un paramètre de classe *A*, *m* n'a pas accès aux champs de ce paramètre.

Cette deuxième interprétation est plus restrictive. Elle correspond à un *domaine de visibilité* qui est l'objet : un objet n'est connu que des méthodes de sa classe, une méthode ne connaît que les champs de son receveur. La première interprétation correspond à un domaine de visibilité qui est la classe tout entière : une classe connaît ses instances, donc toute méthode de cette classe connaît toute instance de cette classe. Cette interprétation est celle utilisée dans les langages de la famille Simula. À l'inverse, les langages de la famille Smalltalk adoptent généralement la première interprétation, et considèrent donc l'objet comme l'unité de l'encapsulation.

Une fois définie cette notion de domaine de visibilité, il reste à montrer les différents mécanismes offerts par les langages. Modula3, C++ et Eiffel présentent de ce point de vue des approches différentes.

Modula3 : visible ou caché

Par défaut, tous les champs et méthodes d'une classe Modula3 sont visibles de n'importe quel client. Néanmoins, un mécanisme permet de créer un type opaque identique à une classe donnée, dont on ne rend visible que les méthodes souhaitées. Ce mécanisme, assez lourd, oblige à créer au moins deux types par classe : un type ouvert contenant les champs et méthodes, et un type fermé, utilisé par les clients, ne présentant que les méthodes utiles.

D'un autre côté, cette technique permet de définir plusieurs interfaces à une classe donnée en définissant plusieurs types limitant l'accès à cette classe de différentes manières. Ainsi on peut imaginer qu'une classe dérivée souhaite un accès plus large à sa classe de base qu'une classe quelconque.

C++ : privé, protégé ou public

En C++, les mécanismes de visibilité s'appliquent indifféremment aux champs et aux méthodes, que nous appellerons collectivement des *membres* dans cette section, conformément à la terminologie C++. Le type de visibilité offert par C++ est intermédiaire entre ceux de Modula3 et Eiffel. Un membre d'une classe peut être déclaré avec l'un des trois niveaux de visibilité[1] suivants : privé, protégé, public.

- Un membre *privé* n'est visible que depuis les méthodes de la classe dans laquelle il est défini. Aucune classe extérieure n'y a accès, pas même une classe dérivée.
- Un membre *public* est au contraire accessible à tout client.
- Enfin, un membre *protégé* n'est accessible qu'aux méthodes de la classe et de ses classes dérivées. Cela entérine le fait qu'une classe dérivée est un client privilégié de sa classe de base.

Ces niveaux de visibilité sont transmis par héritage : un membre public d'une classe *A* est public dans toute classe dérivée de *A*. De même, un membre protégé dans *A* est protégé dans toute classe dérivée de *A*. En revanche, un membre privé n'est pas visible dans une classe héritée.

C++ offre trois mécanismes complémentaires en ce qui concerne la visibilité :

- l'*héritage privé* permet de construire une classe *B* dérivée d'une classe *A* sans que ce lien d'héritage ne soit visible de l'extérieur : les membres hérités de *A* sont privés dans *B*, et il n'y a pas de polymorphisme d'inclusion entre *B* et *A*.
- une classe peut réexporter un membre hérité avec un niveau de visibilité différent. Par exemple, la méthode protégée *m* d'une classe *A* peut être rendue publique dans une classe *B* dérivée de *A*. Dans le cas de l'héritage privé, on peut ainsi rendre visibles certains membres de la classe de base.
- une classe peut avoir des *classes amies* et des *méthodes amies* : une classe *B* amie de *A* ou une méthode *f* amie de *A* a accès à tous les membres de la classe *A*. Cela permet d'ouvrir une classe à des clients privilégiés, sans toutefois

[1] En C++, on parle d'*accessibilité* plutôt que de visibilité. Bien que la différence soit significative, nous n'entrerons pas dans les détails ici.

autoriser l'accès à une classe sans son consentement. En effet, c'est la classe *A* qui doit déclarer que *B* et *f* sont amies.

Eiffel : exportation explicite

Le mécanisme le plus raffiné pour ce qui concerne les règles de visibilité est celui d'Eiffel : chaque classe décrit la liste des membres qu'elle exporte. Chaque membre ainsi exporté peut être qualifié par une liste de classes clientes. Par défaut, un membre exporté est visible par n'importe quel client. Si l'on qualifie le membre avec une liste de classes, alors ce membre n'est visible que par ces classes et leurs classes dérivées.

Le contrôle de la visibilité des membres hérités est réalisé par le même mécanisme. On peut retransmettre les membres hérités avec la visibilité déclarée dans la classe de base, ou bien changer leur visibilité.

Des progrès à faire

Diverses raisons d'ordre syntaxique peuvent faire préférer tel ou tel mécanisme de visibilité. Dans tous les cas, il n'est pas facile de maîtriser la combinaison entre la visibilité, l'héritage et le polymorphisme.

La diversité syntaxique cache un réel problème sémantique : on ne maîtrise pas aujourd'hui les notions de visibilité de façon satisfaisante, et c'est la raison pour laquelle il n'existe pas de mécanisme simple qui réponde à des besoins par ailleurs mal définis : la visibilité doit être compatible avec l'héritage, mais des classes sans relation d'héritage doivent pouvoir se connaître de façon privilégiée, comme les amis de C++. Dès lors, un mécanisme global est nécessaire mais pas suffisant. Des travaux sur la notion de *vue*, assez proche du mécanisme de Modula3, sont prometteurs : ils permettent de définir plusieurs vues d'une classe donnée, c'est-à-dire plusieurs interfaces. Un client choisit alors la vue qui l'intéresse. Cet aspect des langages à objets n'est donc pas figé, et l'on peut s'attendre à de nouvelles solutions à court terme.

3.6 MÉCANISMES SPÉCIFIQUES

Initialisation des objets

L'un des problèmes classiques dans les langages qui manipulent des variables (et, dans notre cas, des objets) est celui de l'initialisation. Ainsi, en Pascal, une variable non initialisée ne sera pas repérée par le compilateur et pourra provoquer un comportement aléatoire du programme. Même lorsque les variables non initialisées sont repérées par le compilateur, le programmeur doit les initialiser explicitement, ce qui alourdit le programme. La notion d'objet offre un terrain favorable pour assurer l'initialisation des objets. En effet, on peut imaginer qu'une méthode particulière prenne en charge automatiquement l'initialisation de tout nouvel objet. C++ et Eiffel offrent de tels mécanismes.

Une classe Eiffel peut déclarer une méthode spéciale, de nom prédéfini *Create*, qui assure l'initialisation des objets de cette classe. Le programmeur doit invoquer explicitement cette méthode, qui a un statut particulier. Ainsi, l'instruction *o.Create* invoque en réalité les méthodes *Create* de la classe de *o* et de chacune de ses classes de base. Cela assure que tous les composants de *o* sont initialisés correctement. Il s'ensuit que la méthode *Create* ne s'hérite pas ; le compilateur engendre au contraire une méthode *Create* pour les classes qui n'en définissent pas. Cette méthode initialise chacun des champs à une valeur par défaut dépendant de son type.

En C++, une classe peut déclarer des *constructeurs*, méthodes spéciales qui portent le nom de la classe elle-même. Divers constructeurs, avec des listes de paramètres différentes, permettent de définir plusieurs moyens d'initialisation. Un constructeur sans paramètre est un constructeur par défaut. L'appel du constructeur est réalisé automatiquement, par le compilateur, à chaque déclaration d'objet. Comme en Eiffel, le constructeur d'une classe dérivée appelle automatiquement celui de sa classe de base. Par contre, à l'inverse d'Eiffel, l'appel du constructeur est implicite, ce qui évite les oublis malencontreux.

De façon symétrique à l'initialisation, C++ permet la définition de méthodes spécifiques pour la destruction des objets : ces *destructeurs* sont, comme les constructeurs, invoqués automatiquement lorsqu'un objet devient inaccessible. Ainsi un objet déclaré comme variable locale d'une méthode voit son destructeur appelé lorsque la méthode termine son exécution.

La destruction assurée des objets est aussi importante que leur initialisation. Par exemple, si l'on considère un objet représentant un fichier, le destructeur peut assurer la fermeture du fichier lorsque celui n'est plus accessible. Le plus souvent, les destructeurs sont utilisés pour détruire des structures dynamiques contenues dans les objets. Ainsi, une classe *Liste*, contenant une liste chaînée d'objets alloués dynamiquement, peut assurer la destruction de ses éléments dans son destructeur.

Voici comment l'on pourrait définir et utiliser un constructeur et un destructeur pour la classe *Tour*. Nous avons pour cela étendu la syntaxe de notre langage par l'ajout des mots clés *constructeur* et *destructeur*.

```
Tour = classe Pile {
    ...
    méthodes
        constructeur Tour (taille : entier);
        destructeur Tour ();
        ...
}
constructeur Tour (taille : entier) {
    Initialiser (taille);
}
destructeur Tour () {
    tantque sommet > 0 faire Dépiler ();
}
{   -- exemple d'utilisation
    t : Tour (10);   -- constructeur Tour (entier)
    ...
}   -- appel du destructeur de t
```

Généricité

Tout au long de ce chapitre, nous avons utilisé la classe *Pile* pour représenter une pile d'entiers. Si l'on voulait gérer une pile d'autres objets, il faudrait définir une nouvelle classe, probablement très proche dans sa définition et son implémentation de la classe *Pile*. La généricité, qui met en œuvre le polymorphisme paramétrique, est un mécanisme attrayant pour définir des types généraux. Par exemple, toute classe contenant une collection d'objets est un bon candidat pour une *classe générique* : tableau, liste, arbre, etc. En effet de telles classes conteneurs dépendent peu de la classe des objets contenus.

La généricité nous permet de définir une *classe générique GPile*, paramétrée par le type de ses éléments :

```
GPile = classe (T : classe) {
    champs
        pile : tableau [1..N] de T;
        sommet : entier;
    méthodes
        procédure Empiler (val : T);
        procédure Dépiler ();
        fonction Sommet () : T;
}
Pile = classe GPile (entier);          -- instanciation
p : Pile;
p.Empiler (10);
```

On ne peut utiliser la classe *GPile* telle quelle : il faut l'instancier en lui donnant le type de ses éléments. En revanche, on peut dériver *GPile* ; la classe dérivée est elle aussi générique.

La généricité et l'héritage sont deux mécanismes qui permettent de définir des familles potentiellement infinies de classes. Aucun n'est réductible à l'autre, et un langage à objets qui offre la généricité est strictement plus puissant qu'un langage qui ne l'offre pas. Eiffel permet la définition de classes génériques. La généricité est également définie pour C++, mais elle n'est pas implémentée dans les compilateurs actuels.

Gestion dynamique des objets

Nous avons introduit la notion d'objet dans ce chapitre en généralisant la notion d'enregistrement présente dans des langages tels que Pascal. En Pascal comme dans d'autres langages, on peut déclarer des objets qui ont une durée de vie délimitée par leur portée (variables locales), mais on peut aussi gérer des variables dynamiques par l'intermédiaire des pointeurs. L'utilisation de variables dynamiques laisse au programmeur la charge de détruire les variables inutilisées, à moins que le module d'exécution du langage n'offre un ramasse-miettes qui détruise automatiquement les variables devenues inaccessibles.

En C++, les objets sont implémentés par des enregistrements, et le programmeur peut utiliser des objets automatiques ou des pointeurs vers des objets dynamiques. Dans ce cas, l'allocation dynamique et la libération de la mémoire pour les objets devenus inutiles ou inaccessibles est à sa charge. Les notions de constructeurs et de destructeurs aident cette gestion sans la rendre totalement transparente. À l'inverse, Modula3 et Eiffel assurent eux-mêmes la gestion dynamique de la mémoire. Un objet est en réalité un pointeur vers l'enregistrement de ses champs. Cette implémentation facilite le travail du programmeur, qui n'a pas à se soucier de la destruction des objets : un algorithme de ramasse-miettes s'en occupe pour lui à l'exécution. Le choix d'implémenter les objets par des pointeurs, et non par des enregistrements comme en C++, offre l'avantage de la simplicité. En revanche, l'accès à tout champ d'un objet nécessite une indirection lors de l'exécution, ce qui peut être coûteux. De plus, les algorithmes de ramasse-miettes aujourd'hui disponibles sont généralement peu efficaces, et coûtent cher en temps et en espace mémoire lors de l'exécution.

Bien entendu, ce problème n'est pas propre aux langages à objets. Néanmoins, on pourrait espérer que le choix du langage n'implique pas le choix de la gestion des objets à l'exécution. C'est le cas dans Modula3, où l'on peut indiquer pour chaque classe si l'on souhaite une gestion automatique par ramasse-miettes, ou bien une gestion à la charge du programmeur. C++ permet également au programmeur de redéfinir la gestion des objets dynamiques au niveau de chaque classe. On peut ainsi utiliser les propriétés spécifiques d'une classe pour gérer la mémoire plus efficacement qu'avec un ramasse-miettes général.

3.7 CONCLUSION

La richesse des langages à objets typés est encore loin d'être épuisée. Les langages actuels souffrent encore du lourd héritage des langages structurés. De nombreux travaux de recherche concernent la sémantique des systèmes de types mis en œuvre dans ces langages, et découvrent la complexité des problèmes mis en jeu dès lors que l'on veut combiner héritage multiple, généricité, surcharge, etc. Les langages actuels ont déjà fait la preuve de leurs qualités : sécurité pour le programmeur, facilité de maintenance, réutilisation des classes, efficacité du code exécutable. Ils sont de plus en plus facilement adoptés dans les entreprises pour le développement de logiciels complexes : systèmes d'exploitation, environnements de programmation, interfaces graphiques, simulation, etc.

Chapitre 4

SMALLTALK ET SES DÉRIVÉS

Nous allons présenter dans ce chapitre le langage Smalltalk et les langages qui en sont dérivés. Ils présentent la caractéristique commune d'être des langages non typés et interprétés ou semi-compilés.

La première version de Smalltalk date de 1972 et fut inspirée par les concepts de Simula et les idées d'Alan Kay, au laboratoire PARC de Xerox. Après une dizaine d'années d'efforts et plusieurs versions intermédiaires, notamment Smalltalk-72 et Smalltalk-76, Smalltalk-80 représente la version la plus répandue du langage et de la bibliothèque de classes qui l'accompagne. Smalltalk-80 inclut également un système d'exploitation et un environnement de programmation graphique. Xerox a aussi créé des machines spécialisées pour Smalltalk : le Star et le Dorado. Aujourd'hui, Smalltalk est disponible sur stations de travail Unix, sur Apple Macintosh, et sur compatibles IBM PC.

La syntaxe employée dans ce chapitre pour présenter les exemples est proche de celle de Smalltalk. Les commentaires sont introduits par deux tirets et se poursuivent jusqu'à la fin de la ligne. Toute instruction est un *envoi de message*, qui a l'une des formes suivantes :

```
receveur msg1
receveur msg2 argument
receveur clé1: arg1 clé2: arg2 ... clén: argn
```

La première forme est un envoi de message unaire (message sans argument), par exemple :

```
3 factorielle            -- calculer 3!
Tableau Nouveau          -- créer un nouveau tableau
```

La deuxième forme est un envoi de message binaire (message avec un argument). Les expressions arithmétiques et relationnelles sont exprimées avec des messages binaires :

```
3 + 4    -- receveur = 3, msg = +, argument = 4
a < b    -- receveur = a, msg = <, argument = b
```

Enfin la troisième forme est utilisée pour des messages n-aires (à un ou plusieurs arguments) et est appelée message à mots clés. Chaque mot clé se termine par le symbole « : » et correspond à un argument :

```
tab en: 3 mettre: a
```

Ici le receveur est *tab*, le message est *en:mettre:* et les arguments sont *3* et *a*. Le nom du message est la concaténation des mots clés (y compris les deux-points). Les noms de message peuvent être préfixes les uns des autres. Dans ce cas, on prend la plus longue série de mots clés. Les parenthèses permettent de lever les ambiguïtés ou de forcer l'ordre d'évaluation. À titre d'exemple, nous utiliserons les messages *en:* et *en:mettre:*, pour l'accès aux éléments de tableau :

```
tab en: 3                       -- tab [3]
tab en: 4 mettre: a             -- tab [4] := a
tab en: (tab en: 5) mettre: a   -- tab [tab [5]] := a
```

La première expression retourne l'élément du tableau *tab* à l'indice *3*. La deuxième affecte *a* à l'élément d'indice *4*. La dernière expression affecte *a* à *tab [tab [5]]*. Dans la réalité, *en:* et *en:mettre:* ne sont pas dédiés ni réservés à l'accès aux tableaux, ceux-ci n'étant pas un type prédéfini de Smalltalk.

Les deux autres symboles utilisés dans notre langage sont le symbole d'affectation « ← » et le symbole de retour de valeur « ↑ ». Nous aurons également besoin de blocs qui seront décrits dans la section suivante.

Bien que Smalltalk permette de définir des classes et des méthodes par envoi de messages, nous utiliserons une forme plus lisible qui s'apparente à celle offerte par l'environnement graphique de programmation Smalltalk. La déclaration d'une classe aura la forme suivante :

```
classe          idClasse
superclasse     idClasse
champs          id1 id2 ... idn
méthodes
   suite de déclarations de méthodes
```

L'ajout de méthodes dans une classe existante aura une forme identique, en omettant les lignes *superclasse* et *méthodes*.

Une déclaration de méthode se présente comme suit :

```
clé1: arg1 clé2: arg2 ... clén: argn
   | idvar1 idvar2 ... idvarn |
   corps de la méthode
```

La première ligne est le profil de la méthode. Ici, il s'agit d'une méthode à mots clés. La deuxième ligne est optionnelle et permet de déclarer des variables locales. Enfin le corps de la méthode est une suite d'expressions Smalltalk, séparées par des points.

4.1 TOUT EST OBJET

Les concepts de base de Smalltalk peuvent se décrire en quatre axiomes :

1. Toute entité est un objet.
2. Tout objet est l'instance d'une classe.
3. Toute classe est sous-classe d'une autre classe.
4. Tout objet est activé à la réception d'un message.

L'axiome 2 définit la notion d'*instanciation*. L'axiome 3 définit la notion d'*héritage*. Bien distinguer ces deux types de liens (lien d'instanciation *est-instance-de* et lien d'héritage *est-sous-classe-de*) est fondamental à la compréhension de Smalltalk. Il découle des axiomes 1 et 2 que toute classe est une entité du système, donc un objet. En tant qu'objet, toute classe est donc l'instance d'une classe, que l'on appelle sa *métaclasse*. Cette notion de métaclasse est fondamentale dans Smalltalk, et nous y reviendrons plus loin en détail.

Les seules entités prédéfinies dans le langage sont :

- les nombres entiers, définis dans la classe *Entier* ;
- la classe *Objet* qui est la seule à ne pas respecter le troisième axiome (*Objet* n'est la sous-classe d'aucune classe) ;
- la classe *Bloc* détaillée ci-dessous ;
- la métaclasse *Classe*.

La seule structure de contrôle est l'envoi de message aux objets. En particulier, le langage ne contient aucune structure de contrôle telles que conditionnelle, boucles, etc. Celles-ci sont définies grâce à la notion de *bloc*. Un bloc est une instance de la classe prédéfinie *Bloc*. Un bloc contient une liste optionnelle de paramètres et un ensemble d'expressions Smalltalk exécutables, séparées par des points. L'évaluation d'un bloc est obtenue en lui envoyant le message unaire *valeur*. Les blocs sont notés entre crochets :

```
incr ← [ n ← n + 1 ].
incr valeur.                -- ajoute 1 à n
```

On peut comparer les blocs à des procédures anonymes que l'on peut exécuter par l'envoi du message *valeur*, ou à des lambda-expressions de Lisp. Les blocs peuvent avoir des paramètres. Dans ce cas, le bloc commence par la liste des noms des paramètres, préfixés d'un deux-points, et cette liste est séparée du corps du bloc par une barre verticale. Le message *valeur:* prend comme argument la valeur du paramètre réel. Nous utiliserons seulement des blocs avec un paramètre :

```
ajouter ← [ :x | n ← n + x ].      -- paramètre = x
ajouter valeur: 10.                -- ajouter 10 à n
```

Le langage est donc réduit au strict minimum. De ce point de vue, on peut comparer Smalltalk au langage Lisp. Comme Lisp, Smalltalk est fourni avec un environnement qui évite au programmeur de tout reconstruire dans chaque programme. Cet environnement est un ensemble de classes d'intérêt général telles que booléens, tableaux, chaînes de caractères, etc. Il contient également les classes de l'environnement de programmation Smalltalk, qui permettent notamment de construire des applications graphiques interactives.

4.2 CLASSES, INSTANCES, MESSAGES

Le deuxième axiome indique que tout objet est l'instance d'une classe. Précisons ce que sont les objets et les classes : un objet contient un état, stocké dans un ensemble de champs (appelés en Smalltalk *variables d'instance*). Ces champs sont strictement privés et accessibles seulement par l'objet. Un objet ne peut être manipulé qu'à travers les messages qu'on lui envoie. Chaque objet répond à un message en activant une méthode (axiome 4). Les méthodes ne sont pas stockées dans l'objet lui-même, mais dans sa classe. Le lien d'instanciation qui unit l'objet à sa classe est donc crucial : il lui permet de retrouver la méthode à activer à la réception d'un message.

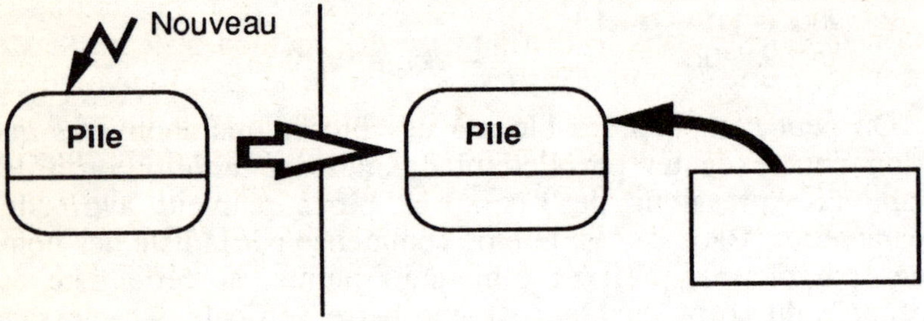

Figure 12 - Instanciation d'un objet Smalltalk

Les méthodes sont stockées dans la classe avec leurs corps, dans le *dictionnaire des méthodes*. Une classe contient également la liste des noms des champs de ses instances. Cela lui permet de créer de nouvelles instances : une classe est un objet générateur. La création d'un objet, ou *instanciation*, est réalisée en envoyant le message *Nouveau* à une classe. La classe, en tant qu'objet, répond au message *Nouveau* en créant un nouvel objet (figure 12). L'instanciation, si elle est une opération primitive du langage, est néanmoins réalisée par le seul moyen de contrôle qu'est l'envoi de message.

Pour résumer les points précédents :

- un objet contient un ensemble de champs ;
- une classe contient la description des champs de ses instances et le dictionnaire des méthodes que peuvent exécuter ses instances ;
- un objet est créé par l'envoi du message *Nouveau* à sa classe.

La correspondance entre un message reçu par un objet et la méthode à activer se fait simplement sur le nom du message : l'objet recherche dans le dictionnaire des méthodes de sa classe une méthode portant le même nom que le message. Si une telle méthode existe, elle est exécutée dans le contexte de l'objet receveur. Le corps de la méthode peut donc accéder aux champs de l'objet qui, rappelons-le, lui sont privés.

La réception d'un message qui n'a pas de méthode correspondante dans le dictionnaire des méthodes de sa classe provoque une erreur. L'erreur se manifeste par l'envoi d'un message *NeComprendsPas:* à l'objet qui a reçu le message incompris, avec pour argument le nom du message incompris. L'objet a donc l'opportunité de récupérer l'erreur : il suffit que sa classe détienne une méthode de nom *NeComprendsPas:*. Si ce n'est pas le cas, une erreur fatale d'exécution est déclenchée.

Le mécanisme de réponse à un message est dynamique et non typé : seule compte la classe de l'objet receveur, qui détermine le dictionnaire dans lequel la méthode est recherchée. Un même message peut donc donner lieu à l'exécution de méthodes différentes s'il est reçu par des objets de classes différentes. La classe des arguments n'intervient pas : si l'on veut imposer qu'un argument d'un message appartienne à une classe donnée, la méthode correspondante doit faire les tests nécessaires. Comme les classes sont des objets, on peut tester si la classe d'un objet est égale à une classe donnée.

L'aspect dynamique de l'envoi de message apparaît lorsque l'on modifie au cours de l'exécution le dictionnaire des méthodes d'une classe. Un message qui était précédemment incompris peut être défini en cours d'exécution. Comme la définition de méthode se fait par envoi de message, une méthode peut définir d'autres méthodes, de la même façon qu'une fonction Lisp peut définir d'autres fonctions.

Créer une classe

Il est temps de passer à un exemple, et de présenter l'implémentation en Smalltalk de la classe *Pile*. Pour cette classe, nous utilisons la classe *Tableau* de l'environnement Smalltalk. Nous utilisons deux messages de cette classe :

- le message *en:* qui permet d'accéder à un élément de tableau,
- le message *en:mettre:* qui permet de modifier la valeur d'un élément de tableau.

```
classe          Pile
superclasse     Objet
champs          pile sommet
méthodes
    Initialiser
            pile ← Tableau Nouveau.
            sommet ← 0.
    Empiler: unObjet
            sommet ← sommet + 1.
            pile en: sommet mettre: unObjet.
    Dépiler
            sommet ← sommet - 1.
    Sommet
            ↑ pile en: sommet.
```

La classe *Pile* hérite de la classe *Objet*, qui est une classe prédéfinie en Smalltalk. Une pile a deux champs : un tableau qui représente la pile, et l'indice du sommet de la pile dans le tableau. On peut référencer dans un corps de méthode les arguments du message, ainsi que les noms des champs de la classe. Ces noms de champs font référence aux champs de l'objet receveur du message.

Nous avons défini quatre méthodes dans la classe *Pile* :

- *Initialiser* initialise les champs de la pile ; le champ *pile* reçoit un objet de la classe *Tableau*, et le champ *sommet* est initialisé à *0*.
- *Empiler* est un message qui prend un objet en argument (l'objet à empiler). Notre pile est hétérogène : aucun contrôle n'est fait sur la classe des objets empilés. On peut donc empiler des objets de classes différentes.
- *Dépiler* enlève le sommet de pile.
- *Sommet* retourne le sommet courant.

Notre pile n'est pas très sûre : il n'y a pas de contrôle dans *Dépiler* ni dans *Sommet* pour s'assurer que la pile n'est pas vide. Nous pourrons ajouter ces tests lorsque l'on aura décrit la façon de réaliser des conditionnelles.

Pour utiliser la classe *Pile*, il suffit d'en créer une instance et de lui envoyer des messages :

```
mapile ← Pile Nouveau.  -- instanciation
mapile Initialiser.
mapile Empiler: 10.
mapile Empiler: 15.
mapile Dépiler.
s ← mapile Sommet.      -- s contient 10
o ← UneClasse Nouveau.
mapile Empiler: o.
mapile Empiler: mapile.  -- !!
```

La dernière instruction, pour surprenante qu'elle paraisse, est tout à fait correcte, puisque l'on peut empiler n'importe quel objet.

4.3 HÉRITAGE

L'axiome 3 indique que toute classe est sous-classe d'une autre classe. Cet axiome détermine l'*arbre d'héritage* qui lie les classes entre elles. Nous avons vu qu'une classe prédéfinie, *Objet*, faisait exception à cet axiome. *Objet* est la racine de l'arbre d'héritage, c'est-à-dire que, directement ou indirectement, toute classe est une sous-classe de *Objet*.

L'héritage permet de définir une classe à partir d'une autre, en conservant les propriétés de la classe dont on hérite. Une sous-classe est un enrichissement d'une classe existante : on peut ajouter de nouveaux champs et de nouvelles méthodes. On peut également modifier le comportement de la classe de base en redéfinissant des méthodes.

L'héritage modifie la recherche de méthode que nous avons décrite dans la section précédente : lorsqu'un message est reçu par un objet, celui recherche d'abord dans le dictionnaire des méthodes de sa classe. S'il ne trouve pas de méthode, il poursuit la recherche dans sa classe de base, et ainsi de suite jusqu'à trouver une méthode ou bien atteindre la racine de l'arbre d'héritage, à savoir la classe *Objet*.

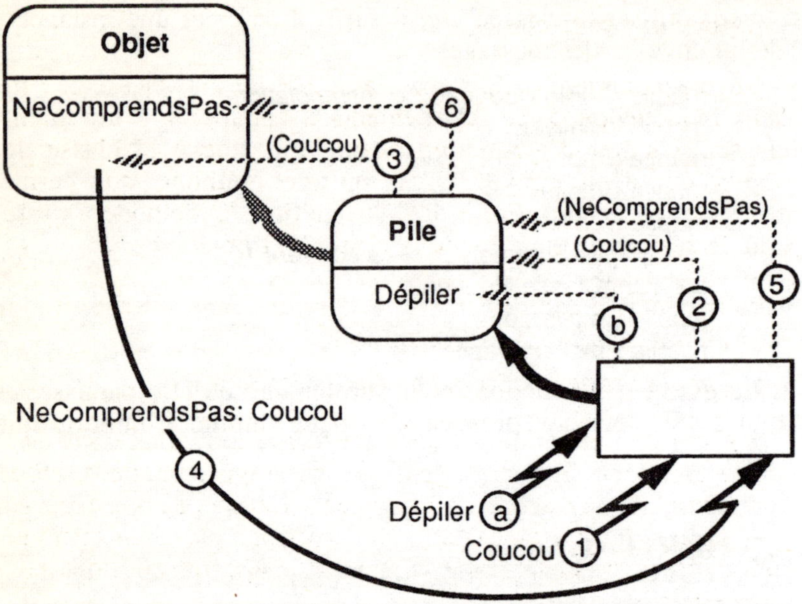

Figure 13 - Invocation de méthode.
Les flèches hachurées représentent la recherche de méthode.
L'envoi de *Dépiler* réussit, mais l'envoi de *Coucou* échoue

Dans le cas où le message n'a pas de méthode associée, le message *NeComprendsPas:* est envoyé au receveur du message, avec comme argument le nom du message incompris. La recherche d'une méthode de nom *NeComprendsPas:* suit le même mécanisme : recherche dans la classe de l'objet, puis ses superclasses successives. La classe prédéfinie *Objet* définit la méthode *NeComprendsPas*, de telle sorte que l'on est assuré de ne pas échouer cette fois-ci (figure 13). Cette technique de traitement des messages incompris permet à toute classe de redéfinir la méthode *NeComprendsPas:* et de réaliser une récupération d'erreur, sans introduire de mécanisme supplémentaire dans le langage tel que la notion d'exception.

Définir une sous-classe

Voyons comment définir une classe *HPile*, sous-classe de *Pile*, dans laquelle on force les éléments à appartenir à une même classe. Il s'agit d'ajouter un champ qui stocke la classe des objets que l'on empile, ainsi qu'une méthode qui permet d'affecter ce champ. Enfin, il faut redéfinir la méthode *Empiler* afin de réaliser le contrôle de la classe de l'objet empilé.

Pour décrire cette classe, il nous faut introduire la conditionnelle, qui a la forme suivante :

```
bool siVrai: [ blocSiVrai ] siFaux: [ blocSiFaux ]
```

Il s'agit de l'envoi du message *siVrai:siFaux:* à un objet de la classe *Booléen*. Les arguments du message sont deux blocs, correspondant aux actions à effectuer selon que l'objet receveur est l'objet *vrai* ou l'objet *faux*. Nous verrons plus loin comment sont définies la classe *Booléen* et les structures de contrôle telles que celle-ci.

La définition de la classe *HPile* est la suivante :

```
classe         HPile
superclasse    Pile
champs         classe
méthodes
    Classe: uneClasse
            classe ← uneClasse.
            self Initialiser.
    Empiler: unObjet
            unObjet Classe = classe
                siVrai: [ super Empiler: unObjet ]
                siFaux: [ "Empiler: erreur de classe" Écrire ]
```

La méthode *Classe:* permet de définir la classe des objets que l'on met dans la pile. Elle affecte le champ *classe* et exécute *self Initialiser*. La méthode *Empiler:* est redéfinie de manière à tester la classe de l'objet empilé. Pour cela, on utilise la méthode *Classe*, définie dans la classe *Objet*, qui retourne la classe de son receveur. Le receveur du message *siVrai:siFaux:* est le résultat de l'expression *unObjet Classe = classe.* Cette expression se décompose en un envoi du message unaire *Classe* à *unObjet.* Le résultat est comparé au champ *classe* par le message binaire =. Le bloc à exécuter si l'expression est vraie, c'est-à-dire si l'objet est de la classe attendue, est *super Empiler.* Si l'expression est fausse, un message d'erreur est émis en envoyant le message *Écrire* à une chaîne de caractères. Il nous reste à décrire *self* (utilisé dans *Classe:*) et *super* (utilisé dans *Empiler:*).

Self et *Super*

Nous avons vu que le corps d'une méthode s'exécute dans le contexte de l'objet receveur du message. À l'intérieur du corps d'une méthode, on a directement accès aux champs de l'objet receveur. En revanche, si l'on veut envoyer un message au receveur lui-même, il faut un moyen de le nommer. On utilise alors la pseudo-variable *self*, qui désigne le receveur de la méthode en cours d'exécution. Ainsi, dans la méthode *Classe:* ci-dessus, le receveur du message s'envoie à lui-même (*self*) le message *Initialiser.*

Lorsque l'on veut redéfinir une méthode dans une sous-classe, on a en général besoin d'utiliser la méthode de même nom définie dans la classe de base. Pour cela, on utilise une autre pseudo-variable, *super*, qui dénote l'objet receveur en le considérant comme une instance de sa classe de base (ou superclasse, d'où le nom de *super*). Ceci est illustré par la méthode *Empiler:*. Il s'agit de tester une condition (l'objet est-il de la bonne classe ?), et si celle-ci est satisfaite, d'empiler effectivement l'élément. Pour cela, on envoie le message *Empiler:* à *super.* Si on l'envoyait à *self*, on aurait un appel récursif, ce qui n'est pas l'effet souhaité. L'envoi à *super* signifie que la recherche d'une méthode pour le message *Empiler* commence à la superclasse du receveur, et non pas à sa classe comme c'est le cas normalement (figure 14).

Dans la pratique, on utilise *super* seulement dans le corps d'une méthode redéfinie, comme nous venons de le faire. C'est en effet la seule situation dans laquelle il est justifié d'invoquer

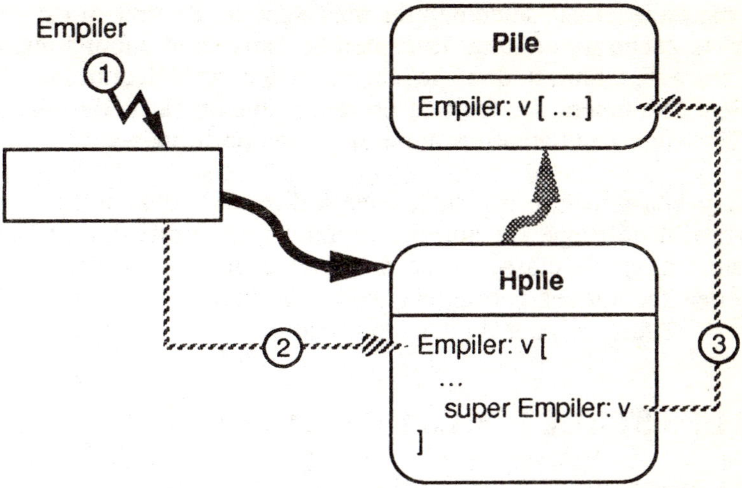

Figure 14 - Les pseudo-variables *self* et *super*

l'implémentation de la même méthode dans la classe de base. Utiliser *super* dans un autre contexte revient à transgresser la classe de l'objet receveur.

L'implémentation de l'envoi de message

L'héritage et la possibilité de modifier dynamiquement les dictionnaires des méthodes impliquent que, pour chaque envoi de message, on effectue à l'exécution une recherche dans la chaîne des superclasses de la méthode correspondant au message. Il en résulte que l'envoi de message est très coûteux.

Comme la hiérarchie d'héritage et les dictionnaires de méthodes changent peu par rapport au nombre de messages envoyés, une augmentation des performances importante est obtenue dans la plupart des implémentations en utilisant un *cache*. Les entrées du cache sont constituées de couples <nom de classe, sélecteur de message>. Pour chaque entrée, le cache contient le résultat de la recherche du message dans la classe et ses superclasses. Lors d'un envoi de message, on cherche dans le cache une entrée correspondant à la classe de l'objet receveur du message et au sélecteur du message. Si l'entrée n'est pas dans le cache on effectue la recherche dans les dictionnaires, et on entre le résultat dans le cache. Avec cette technique, on obtient facilement des taux de présence dans le cache de plus de 98%, et une augmentation importante des performances.

Le cache doit être invalidé, c'est-à-dire vidé, chaque fois que l'arbre d'héritage ou un dictionnaire de méthode change. Chaque ajout de classe ou de méthode coûte donc cher. Aussi, diverses techniques permettent de ne pas invalider tout le cache afin de réduire le coût de ces modifications.

4.4 LES STRUCTURES DE CONTRÔLE

Un aspect original de Smalltalk est de ne pas contenir de structures de contrôle prédéfinies. Celles-ci sont définies par des classes et des méthodes, à l'aide de la classe prédéfinie des blocs, comme nous allons l'illustrer ici.

Les booléens et la conditionnelle

Revenons tout d'abord sur la conditionnelle, que nous avons déjà utilisée. Le receveur du message *siVrai:siFaux:* est un booléen ; selon sa valeur, c'est l'un des deux blocs arguments du message qui est exécuté. Pour produire cela, on définit trois classes et deux objets :

- la classe *Booléen*, qui n'a aucune instance ;
- la classe *Vrai*, sous-classe de *Booléen*, qui a une seule instance : l'objet *vrai* ;
- la classe *Faux*, sous-classe de *Booléen*, qui a une seule instance : l'objet *faux*.

Le receveur de *siVrai:siFaux:* ne peut être que l'objet *vrai* ou l'objet *faux*. Ainsi, l'évaluation de 3 < 4 retourne l'objet *vrai*, alors que 1 = 0 retourne l'objet *faux*. Il suffit donc de définir la méthode *siVrai:siFaux:* dans chacune des classes *Vrai* et *Faux* :

```
classe          Vrai
superclasse     Booléen
champs
méthodes
    siVrai: blocVrai siFaux: blocFaux
            ↑ blocVrai valeur.

classe          Faux
superclasse     Booléen
champs
méthodes
    siVrai: blocVrai siFaux: blocFaux
            ↑ blocFaux valeur.
```

Comme on le voit, si l'objet *vrai* reçoit un message *siVrai:siFaux:*, il retourne la valeur du premier argument ; si c'est l'objet *faux* qui reçoit le message, il retourne la valeur du deuxième argument. L'héritage nous a permis de reproduire un comportement conditionnel. Cette technique s'applique à d'autres messages, tels que les opérateurs logiques :

```
classe          Vrai       |  classe          Faux
méthodes                   |  méthodes
    non                    |      non
            ↑ faux.        |              ↑ vrai.
    ou: unBool             |  ou: unBool
            ↑ vrai.        |              ↑ unBool.
    et: unBool             |  et: unBool
            ↑ unBool.      |              ↑ faux.
```

La définition des méthodes *non*, *ou:* et *et:* dans les deux classes *Vrai* et *Faux* permet d'implémenter facilement les tables de vérité de ces opérateurs. La figure 15 illustre l'évaluation d'une expression booléenne qui utilise ces opérateurs.

Jusqu'ici la classe *Booléen* ne nous a pas servi : en fait *Vrai* et *Faux* auraient très bien pu hériter directement de *Objet*. Nous allons maintenant utiliser la classe *Booléen* pour factoriser des méthodes entre les classes *Vrai* et *Faux* :

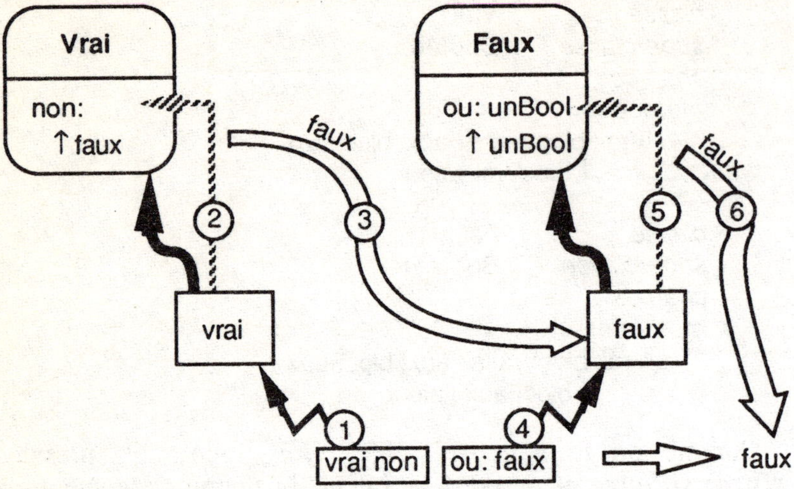

Figure 15 - Évaluation de l'expression *(vrai non) ou: faux*

```
classe          Booléen
superclasse     Objet
champs
méthodes
    siVrai: unBloc
            ↑ self siVrai: unBloc siFaux: [ ].
    siFaux: unBloc
            ↑ self siVrai: [ ] siFaux: unBloc.
    xor: unBool
            ↑ (self ou: unBool)
            et: ((self et: unBool) non).
```

On a défini dans la classe *Booléen* deux conditionnelles *siVrai:* et *siFaux:*, qui correspondent à la conditionnelle *siVrai:siFaux:* lorsque l'on omet l'un des blocs. Il est inutile de définir ces conditionnelles dans les deux classes *Vrai* et *Faux*, comme le montre la figure 16. De façon similaire, le *ou exclusif* (xor) est défini à partir des opérateurs élémentaires *et:*, *ou:* et *non*, selon l'expression : a xor b = (a ou b) et non (a et b).

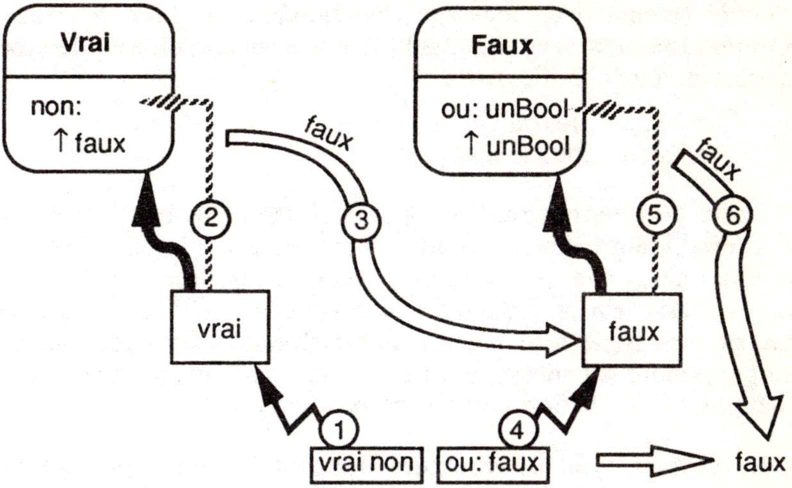

Figure 16 - Évaluation des conditionnelles

Les blocs et les boucles

En ce qui concerne les structures de boucles, ce n'est plus dans la classe *Booléen* que vont se faire les définitions, mais dans la classe des blocs. Décrivons tout d'abord la boucle *tant-que* :

```
classe          Bloc
méthodes
    tantQueVrai: corps
            (self valeur) siVrai: [ corps valeur.
                                    self tantQueVrai: corps ].
```

Le message *tantQueVrai:* s'utilise de la façon suivante :

```
[ x < 10 ] tantQueVrai: [ s ← s + x ; x ← x -1 ]
```

Le receveur est un bloc, car celui-ci doit être évalué à chaque tour de boucle, comme le montre l'implémentation de la méthode *tantQueVrai:* : le bloc receveur s'évalue ; s'il est vrai, le corps de la boucle est évalué, et l'itération a lieu grâce à l'envoi (récursif) du message *tantQueVrai:* au bloc receveur. Comme toujours avec Smalltalk, il n'y a aucun contrôle de type et rien n'empêche d'écrire :

```
[ 10 ] tantQueVrai: [ ... ].
"coucou" tantQueVrai: [ ... ].
```

Selon la valeur retournée par l'évaluation du bloc receveur, une erreur aura lieu ou l'exécution pourra continuer. Dans le premier cas, l'évaluation du bloc receveur retourne la valeur 10, de la classe *Entier*, qui ne sait répondre à *siVrai:*. Dans le deuxième cas, le receveur est une chaîne de caractères, qui ne sait répondre au message *valeur*. Mais si l'on définissait ces méthodes, l'exécution pourrait se poursuivre.

Le dernier type de structure de contrôle que nous allons examiner est l'itération. Il s'agit d'exécuter un corps de boucle (un bloc) un certain nombre de fois. Pour reproduire l'équivalent de la boucle itérative de Pascal, il faut définir une classe *Intervalle*, qui contient deux entiers représentant les bornes inférieure et supérieure de l'intervalle. La méthode *répéter:*, envoyée à un intervalle, réalise l'itération :

```
classe          Intervalle
superclasse     Objet
champs          inf sup
méthodes
    Inf: i Sup: s
            inf ← i. sup ← s.
    répéter: corps
            |i|
            i ← inf.
            [ i < sup ] tantQueVrai:
                [ corps valeur: i.
                  i ← i + 1 ].
```

La méthode *Inf:Sup:* permet d'initialiser les bornes de l'intervalle. La méthode *répéter:* introduit une variable locale *i*. Cette variable sert de compteur de boucle, et l'on utilise le message *tantQueVrai:* des blocs pour réaliser l'itération.

Le message *répéter:* s'utilise comme suit :

```
bornes ← Intervalle Nouveau.
bornes Inf: 10 Sup: 20.
s ← 0.
bornes répéter [ :x | s ← s + x ].
s Écrire.                                    -- s = 165
```

Pour faciliter l'écriture de l'itération, nous allons ajouter un message dans la classe prédéfinie *Entier* :

```
classe          Entier
méthodes
    à: val      ↑ (Intervalle Nouveau) Inf: self Sup: val.
```

Ce message permet de créer un intervalle en envoyant à un entier le message *à:* avec un entier en argument. Le receveur est la borne inférieure de l'intervalle, l'argument la borne supérieure. L'exemple précédent s'écrit alors :

```
s ← 0.
(10 à: 20) répéter [ :x | s ← s + x ].
s Écrire.
```

L'expression *10 à: 20* retourne un intervalle auquel on envoie le message d'itération *répéter*.

Cette technique d'itération s'applique à de nombreuses classes. Ainsi, Smalltalk fournit un grand nombre de classes conteneurs pour le stockage d'objets (tableaux, listes, ensembles, dictionnaires, etc.). La plupart de ces classes définissent une méthode qui permet l'itération de leurs éléments.

Nous pouvons appliquer cela à notre classe *Pile*, en lui ajoutant une méthode *répéter:* qui évalue un bloc pour les éléments successifs de la pile :

```
classe          Pile
méthodes
    répéter: unBloc
            (1 à: sommet) répéter:
                    [ :i | unBloc valeur: (pile en: i) ].
```

On utilise un intervalle créé par le message *à:* représentant l'ensemble des indices valides de la pile. L'intervalle est énuméré par la méthode *répéter:*. Pour chaque élément de l'intervalle, on évalue le bloc argument avec comme paramètre l'élément de pile.

Pour imprimer le contenu d'une pile, il suffit d'écrire :

```
pile ← Pile Nouveau.
pile Initialiser.
-- empiler des éléments ...
pile répéter: [ :e | e Écrire ].
```

Nous avons défini la méthode *répéter:* dans la classe *Pile* à l'aide de la méthode *répéter:* de la classe *Intervalle*, c'est-à-dire que l'on utilise le polymorphisme ad hoc, intrinsèque aux langages objets. Ceci nous permet par exemple de définir dans la classe *Objet* elle-même une méthode qui imprime le contenu d'un objet de la façon suivante :

```
classe          Objet
méthodes
    ÉcrireContenu
        self répéter: [ :e | e Écrire ].
```

Tout objet qui sait répondre à *répéter:* pourra exécuter *ÉcrireContenu* :

```
(10 à: 20) ÉcrireContenu.
pile ← Pile Nouveau.
pile Initialiser.
-- empiler des éléments ...
pile ÉcrireContenu.
```

Dans cette section, nous avons défini l'itération (message *répéter:*) de la classe *Pile* en fonction de l'itération des intervalles. Celle-ci est définie en fonction de la répétition des blocs (*tantQueVrai:*), elle-même définie récursivement à l'aide de la conditionnelle *siVrai:*. Enfin cette conditionnelle est définie en fonction de la conditionnelle générale *siVrai:siFaux:*, définie dans les deux classes *Vrai* et *Faux*.

Cet exemple illustre la souplesse et la puissance de Smalltalk, grâce à l'utilisation extensive de la liaison dynamique : il suffit de rajouter des méthodes à une classe (comme *répéter:* dans la classe *Pile*), pour que les instances de cette classe soient dotées de nouvelles capacités (comme *ÉcrireContenu*). Ceci fait de Smalltalk un environnement idéal pour le maquettage et le prototypage d'applications. En revanche, l'absence de typage, donc d'assurance a priori qu'un programme ne déclenchera pas d'exécution de messages indéfinis, est souvent un obstacle à la réalisation d'applications finales.

4.5 MÉTACLASSES

Nous avons vu dès la présentation des axiomes de base de Smalltalk que toute classe est un objet, et appartient donc à une classe, appelée *métaclasse*. Cette caractéristique est à la base de nombreuses possibilités intéressantes dans Smalltalk.

En premier lieu, la notion de métaclasse permet de réaliser l'instanciation par un envoi de message : l'envoi du message *Nouveau* à une classe retourne une instance de cette classe. Le message étant envoyé à une classe, c'est dans sa métaclasse qu'est cherchée la méthode correspondante (figure 17).

La métaclasse ne sert pas seulement à l'instanciation. En effet, une classe contient la définition de ses instances, c'est-à-dire la liste des noms de champs et le dictionnaire des méthodes. On peut donc interroger la classe pour savoir si une méthode particulière est définie, pour modifier le dictionnaire des méthodes, et pour définir de nouvelles sous-classes. Une métaclasse définit pour cela les méthodes *Connaît:*, *Superclasse* et *DériveDe:*. Le message *Connaît:* permet de savoir si une classe sait répondre au message dont le nom est passé en argument. Le message *Superclasse* retourne la classe de base de la classe receveur, et enfin le message *DériveDe:* permet de tester si la classe receveur est une classe dérivée de la classe dont le nom est passé en paramètre. Voici quelques exemples d'utilisation de ces messages :

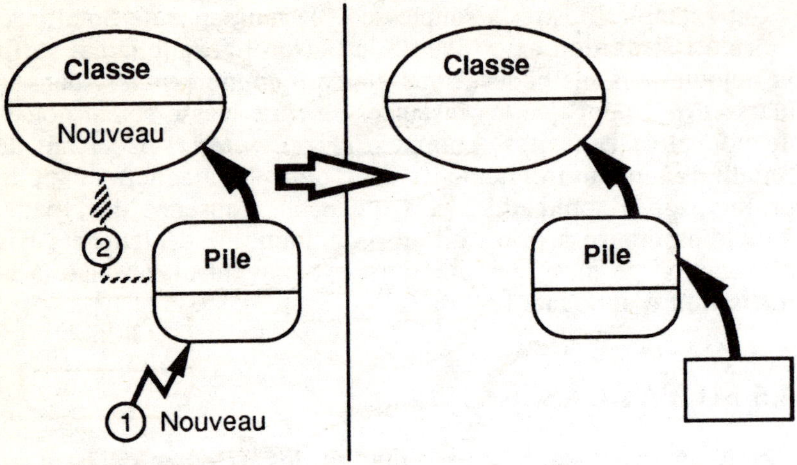

Figure 17 - Création d'un objet : utilisation de la métaclasse

Pile Connaît: "Empiler:".	-- *vrai*
Pile Connaît: "SiVrai:".	-- *faux*
Vrai Superclasse.	-- *Booléen*
Vrai DériveDe: "Pile".	-- *faux*
HPile DériveDe: "Objet".	-- *vrai*

Le corps des méthodes correspondant à ces messages se trouve dans le dictionnaire des méthodes de la métaclasse de leur receveur, comme le prouvent les exemples suivants :

Pile Connaît: "Nouveau".	-- *faux*
(Pile Classe) Connaît: "Nouveau".	-- *vrai*

Dans le cas de Smalltalk, plusieurs modèles de métaclasses ont été expérimentés. Le plus simple comprenait une seule métaclasse dans le système, nommée *Classe*. Dans les versions suivantes de Smalltalk, cela s'est avéré être une limitation, car on ne pouvait différencier les métaclasses de classes distinctes. Le modèle de Smalltalk-80 définit une métaclasse par classe, et la hiérarchie d'héritage des métaclasses suit celle des classes. Chaque classe est l'unique instance de sa métaclasse. Pour

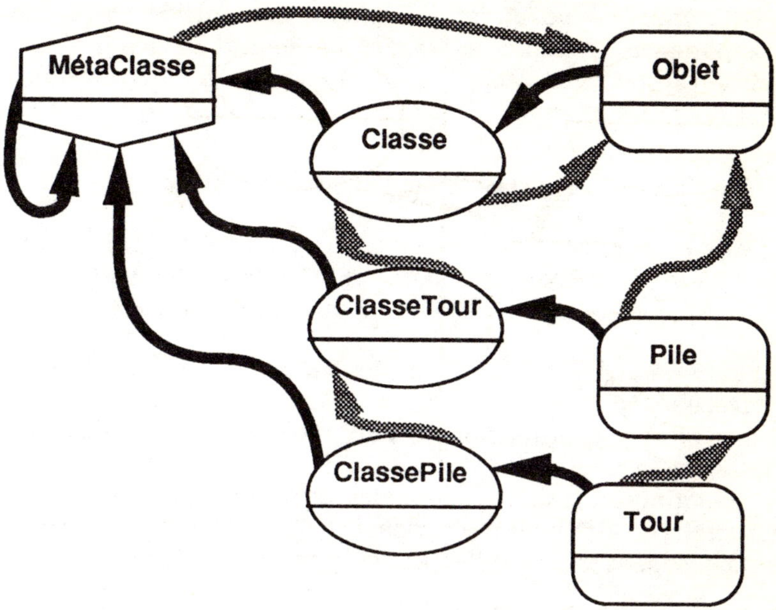

Figure 18 - Le modèle des métaclasses de Smalltalk-80

l'utilisateur, les métaclasses sont transparentes car elles sont créées automatiquement par la méthode de définition de classe.

Par convention, nous appellerons *ClasseX* la métaclasse de la classe *X*. La métaclasse de *Objet* est donc *ClasseObjet*, celle de *Pile* est *ClassePile*. Comme *Pile* hérite de *Objet*, *ClassePile* hérite de *ClasseObjet*. Les métaclasses héritent de *Classe*, qui elle-même hérite de *Objet*.

Le mécanisme des métaclasses induit une régression à l'infini. En effet, une métaclasse est aussi un objet, qui a donc une classe, une métaclasse, etc. Comme dans le cas de la hiérarchie d'héritage, cette régression est artificiellement interrompue par un bouclage dans le chaînage des métaclasses : dans Smalltalk-80, toutes les métaclasses héritent de la classe *Classe*, et sont des instances de *MétaClasse*, selon le schéma de la figure 18.

Du point de vue du programmeur, cet artifice est de peu d'importance. Il assure au langage la *méta-circularité*, c'est-à-dire la capacité à se décrire lui-même. Grâce aux métaclasses on peut écrire un interprète Smalltalk en Smalltalk.

L'intérêt des métaclasses pour le programmeur

Pour le programmeur, les métaclasses permettent d'une part de définir des méthodes de classe, et d'autre part de partager des champs entre toutes les instances d'une classe.

Les *méthodes de classe* sont des méthodes définies dans une métaclasse, et qui sont utilisées lorsque l'on envoie des messages à une classe. L'utilisation la plus répandue des méthodes de classe est la redéfinition de la méthode d'instanciation *Nouveau*, et la définition d'autres méthodes d'instanciation prenant des paramètres. On peut rapprocher cela des constructeurs de certains langages à objets typés (voir chapitre 3, section 3.6).

Reprenons le cas de la classe *Pile*. Nous avons défini dans cette classe la méthode *Initialiser* qui permet d'instancier et d'initialiser les champs de la pile. Lors de l'utilisation de la classe *Pile*, il faut s'assurer d'initialiser chaque pile après l'avoir instanciée avec *Nouveau* :

```
pile ← Pile Nouveau.
pile Initialiser.
```

Si l'on oublie l'initialisation, la pile ne pourra pas fonctionner comme prévu. Il serait plus sûr d'assurer l'initialisation lors de l'instanciation. Il suffit pour cela de redéfinir la méthode *Nouveau*, de la façon suivante :

```
classe          ClassePile
méthodes
    Nouveau
            | pile |
            pile ← super Nouveau.
            pile Initialiser.
            ↑ pile.
```

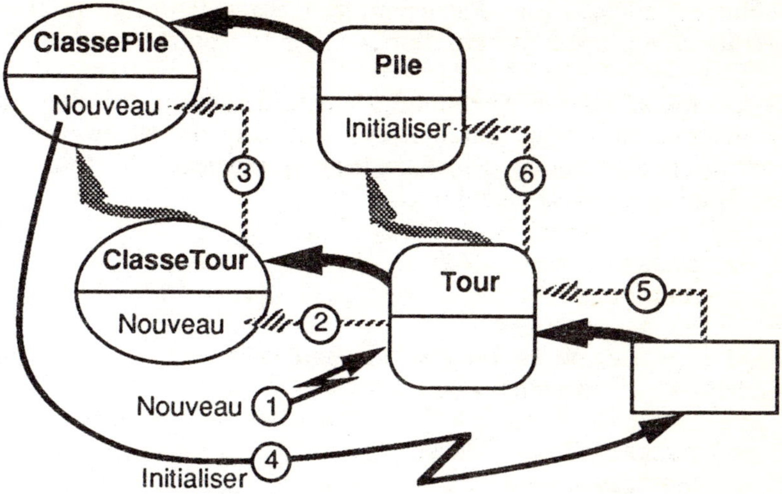

Figure 19 - Héritage des méthodes de classes

Cette méthode est définie dans la métaclasse de *Pile*, puisque c'est la classe *Pile* qui recevra le message *Nouveau*. Cette méthode commence par instancier la pile en s'envoyant le message *Nouveau*. *Nouveau* va donc être envoyé à la métaclasse *ClassePile*, considérée comme instance de sa classe de base *ClasseObjet*. Cela va invoquer la méthode *Nouveau* définie pour tous les objets dans la métaclasse *Classe*. La pile résultante est ensuite initialisée : le message *Initialiser* est envoyé à la pile, c'est donc la méthode *Initialiser* que nous avons écrite dans la classe *Pile* qui va être invoquée. Enfin la pile initialisée est retournée. On aurait pu condenser le corps de la méthode en :

```
↑ super Nouveau Initialiser.
```

Dans le corps de cette méthode, on n'a pas accès aux champs de l'objet *pile*. Il est donc impossible d'initialiser ces champs autrement que par l'envoi d'un message à la pile.

D'autre part, comme on a redéfini la méthode *Nouveau*, toute classe qui hérite de *Pile* utilisera également cette méthode redéfinie, grâce au parallélisme entre l'héritage des classes et celui des métaclasses. Par exemple, l'instanciation de la classe *HPile* assurera son initialisation, comme le montre la figure 19.

Les métaclasses permettent également de définir des méthodes d'instanciation avec paramètres. Dans l'exemple suivant, on définit une méthode d'instanciation qui permet de donner la taille de la pile à sa création :

```
classe          Pile
méthodes
    Initialiser: taille
            pile ← Tableau Nouveau: taille.
            sommet ← 0.

classe          ClassePile
méthodes
    Nouveau: taille
            ↑ super Nouveau Initialiser: taille.
```

On ajoute à la classe *Pile* une méthode *Initialiser:* qui prend la taille de la pile ; cet argument est transmis à la méthode *Nouveau:* de la classe *Tableau*. On définit ensuite la méthode *Nouveau:* dans la métaclasse de *Pile*, qui instancie une pile et l'initialise avec la taille donnée. Cette méthode *Nouveau:* est un message binaire qu'il ne faut pas confondre avec le message unaire *Nouveau* que nous avons utilisé jusqu'à présent. Une fois définie cette méthode de classe, l'utilisation d'une pile devient :

```
pile ← Pile Nouveau: 100.
pile Empiler: 10.
```

Selon le même mécanisme, on pourrait définir une méthode d'instanciation pour la classe *HPile* qui prenne en paramètre la classe des objets de la pile homogène.

Variables de classe

L'autre utilisation des métaclasses concerne la possibilité de définir de nouveaux champs dans une classe. De fait, ces champs sont accessibles par toutes les instances d'une classe (toute instance connaît sa classe) et jouent le rôle de variables globales d'une classe.

Pour illustrer cela, nous allons créer une classe d'objets dont les instances ont un numéro unique. La métaclasse a un champ qui est incrémenté à chaque instanciation :

```
classe          Démo
superclasse     Objet
champs          numéro
méthodes
    Initialiser: n
            numéro ← n.
    Numéro
            ↑ numéro.

classe          ClasseDémo
champs          nb
méthodes
    Nouveau
            nb ← nb + 1.
            ↑ (super Nouveau) Initialiser: nb.
```

La classe *Démo* contient un champ stockant le numéro unique de l'instance, une méthode d'initialisation, et une méthode qui retourne le numéro de l'objet. On ajoute à la métaclasse de *Démo* une variable de classe *nb*, et on redéfinit la méthode d'instanciation *Nouveau*. Cette méthode incrémente la variable de classe *nb*, puis instancie l'objet et l'initialise avec la valeur de *nb*.

4.6 LES DÉRIVÉS DE SMALLTALK

Smalltalk, influencé par Lisp, est à l'origine d'une famille de langages à objets implémentés au-dessus de Lisp. Il s'avère en effet que l'implémentation des mécanismes des langages à objets en Lisp est relativement aisée, et fournit un terrain d'expérimentation de nouveaux concepts.

Parmi les plus anciennes extensions de Lisp avec des objets, on trouve Flavors, qui a servi à implémenter le système d'exploitation des machines Symbolics au début des années 80. Plus récemment, CLOS (Common Lisp Object System) a repris et étendu le modèle des Flavors dans le but de définir une norme de Lisp à objets. Ceyx et ObjVLisp représentent l'école française : Ceyx a été développé vers 1985 au-dessus de Le_Lisp par Jean-Marie Hullot, et ObjVLisp, un peu plus ancien, est l'objet des travaux de Pierre Cointe à partir de VLisp, un dialecte de Lisp développé par Patrick Greussay à l'Université de Vincennes.

Tous ces langages procèdent de principes similaires : il s'agit d'*extensions* de Lisp, c'est-à-dire que le programmeur utilise des fonctions Lisp pour écrire ses programmes[2]. L'effet n'est pas toujours heureux car le style fonctionnel est assez radicalement différent du style de la programmation par objets.

Ces langages fournissent en général trois fonctions de base : la création d'une nouvelle classe, la création d'une instance, et l'envoi d'un message à un objet. La fonction de création d'une classe permet de spécifier son héritage (simple ou multiple), ses variables d'instances, ses méthodes, et éventuellement sa métaclasse. En général, le système est capable de générer automatiquement des fonctions d'accès aux variables d'instance. En effet, celles-ci sont stockées dans une liste associée à l'atome qui représente l'objet, et elles ne peuvent être accédées autrement que par une fonction. Cet artifice est néanmoins pratiquement transparent pour l'utilisateur, comme le montre l'exemple ci-dessous :

```
(def-classe Pile (Objet)    -- classe, superclasse
    (pile sommet))          -- variables d'instance
```

2 La suite de cette section nécessite en conséquence quelques notions élémentaires de Lisp. Nous espérons cependant ne pas trop ennuyer le lecteur peu familier avec Lisp en limitant les exemples.

```
(def-méthode
    (Empiler Pile) (objet)  -- méthode, classe, arguments
    (setq sommet (+ sommet 1))
    (envoi 'mettre pile sommet objet))
```

Dans cet exemple, dont la syntaxe est inspirée de Flavors, *def-classe* définit une nouvelle classe, et *def-méthode* une nouvelle méthode dans une classe existante. Le corps de la méthode *Empiler* est constitué de deux expressions : l'affectation (*setq* en Lisp) du champ *sommet* et l'envoi du message *mettre* au champ *pile*. Ce message est supposé stocker l'objet passé en second argument à l'indice passé en premier argument. L'envoi de message est une fonction qui s'invoque de la manière suivante :

```
(envoi 'message receveur arg1 arg2 ... argn)
```

On peut retrouver une syntaxe plus proche de celle de Smalltalk en transformant chaque objet en une fonction, ce que font certains langages. L'envoi de message s'écrit alors :

```
(receveur message arg1 arg2 ... argn)
```

La création d'une pile et l'empilement d'un élément se font de la manière suivante :

```
(setq mapile (instancier 'Pile))
(envoi 'Initialiser mapile)
(envoi 'Empiler mapile 10)
```

La fonction *instancier* réalise l'instanciation d'une classe. La méthode *Initialiser* est définie comme suit :

```
(def-méthode
    (Initialiser Pile) ()       -- méthode, classe, arguments
    (setq pile (instancier 'Tableau))
    (setq sommet 0))
```

L'intérêt d'utiliser Lisp comme langage de base est de disposer d'un environnement déjà important qui simplifie l'implémentation des mécanismes d'objets. La souplesse de Lisp permet également d'expérimenter facilement de nouvelles fonctionnalités et des extensions au modèle général des objets.

Les démons des Flavors

Ainsi les Flavors fournissent des mécanismes sophistiqués pour l'héritage multiple. On a vu que l'héritage multiple provoquait des conflits de noms lorsque plusieurs classes de base définissent une méthode de même nom. Les Flavors permettent de déterminer, pour chaque classe, l'ordre de parcours du graphe des superclasses pour déterminer la bonne méthode à invoquer. Il est également possible de *combiner* l'ensemble des méthodes de même nom héritées, c'est-à-dire de les invoquer l'une après l'autre. Enfin, on peut définir des *démons*, qui sont des méthodes spéciales associées aux méthodes ordinaires. Lorsque la méthode ordinaire est invoquée, tous les démons qui lui sont associés dans la classe ou dans ses superclasses sont également automatiquement invoqués, selon un ordre que le programmeur peut contrôler. Par exemple, pour tracer les invocations du message *Empiler*, il suffit d'ajouter le démon suivant :

```
(def-démon
    (Empiler Pile) (objet)  -- méthode, classe, arguments
    (print "on Empile " objet))
```

Même si l'on redéfinit *Empiler* dans une sous-classe de *Pile*, le démon sera appelé. Dans la pratique, la combinaison de méthodes et les démons sont des mécanismes extrêmement puissants, qui sont par là même difficile à maîtriser : l'envoi d'un message à un objet peut déclencher une quantité d'effets dont l'origine risque d'être difficile à identifier. De la même façon, une modification locale du système, comme l'ajout ou le retrait d'un démon, peut provoquer des effets rapidement incontrôlables. Les programmeurs Lisp sont coutumiers de ce genre de phénomènes, et trouveront dans ces langages un terrain d'expérimentation encore plus vaste.

Les métaclasses d'ObjVLisp

Nous terminerons cette revue des dérivés de Lisp par ObjVLisp et son modèle de métaclasses. En effet, ce langage

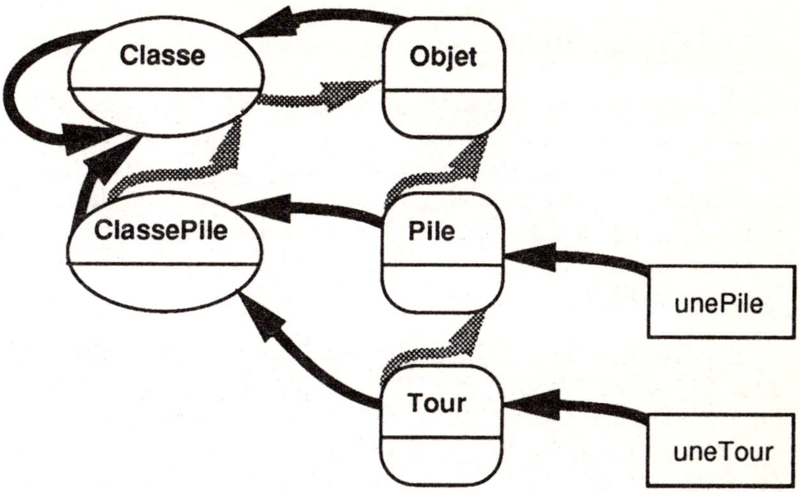

Figure 20 - Le modèle de métaclasses de ObjVLisp

offre ce que l'on peut considérer comme le modèle à la fois le plus simple et le plus ouvert de métaclasses (figure 20).

Les classes *Classe* et *Objet* sont les deux classes primitives du système. *Objet* est une instance de *Classe*, et *Classe* est une sous-classe de *Objet*. *Objet* n'a pas de superclasse, alors que *Classe* est sa propre instance. *Objet* est la racine de l'arbre d'héritage, tandis que *Classe* est la racine de l'arbre d'instanciation. Toute classe doit donc hériter indirectement de *Objet*, et être l'instance de *Classe* ou d'une classe dérivée de *Classe*. Ce dernier point correspond à la création de métaclasses, sans les contraintes imposées par Smalltalk-80. Dans la figure 20, *Pile* et *Tour* ont la même métaclasse alors qu'avec Smalltalk-80, chacune d'elles aurait sa propre métaclasse. Dans cet exemple, il est utile de n'avoir qu'une métaclasse car la même méthode d'instanciation convient aux deux classes. D'un autre côté, le modèle de Smalltalk-80 permet de rendre les classes transparentes à l'utilisateur grâce à la bijection entre classes et métaclasses, ce qui n'est pas le cas d'ObjVLisp.

4.7 CONCLUSION

Smalltalk est sans conteste le langage qui est à l'origine du succès du modèle des objets. Très rapidement, le langage a été validé par la réalisation d'applications importantes, en particulier l'environnement de programmation Smalltalk. De leur côté, les extensions de Lisp par les objets ont permis d'expérimenter et de mieux comprendre les mécanismes des langages à objets.

La puissance de Smalltalk est aussi sa principale faiblesse : avec la liaison dynamique et l'absence de typage statique, il est impossible de s'assurer de la correction d'un programme avant son exécution, ni même après. De plus, l'absence de mécanisme de protection des accès (toute méthode est accessible par tout le monde) n'ajoute pas à la sécurité de programmation. Des extensions de Smalltalk ont introduit avec succès la déclaration des classes des arguments et des variables locales. Dans CLOS, les types des arguments des méthodes doivent être déclarés. Dans les deux cas, la perte de fonctionnalité est minime, et, dans CLOS, le typage permet même d'introduire des méthodes génériques et d'augmenter ainsi la puissance du langage.

L'autre faiblesse de Smalltalk et des langages interprétés en général est le manque d'efficacité à l'exécution. Là encore, de nombreux travaux ont permis d'augmenter les performances de façon spectaculaire. Des mesures ont même montré que, pour certaines applications, la différence de performance entre Smalltalk et un langage à objets typé et compilé n'était pas significative. Dans d'autres cas, la différence est rédhibitoire, ce qui ne fait que confirmer qu'il n'existe pas de langage universel. Smalltalk en tout cas reste un langage privilégié pour découvrir les concepts des langages à objets, mais aussi pour développer des prototypes et, dans certains cas, des applications finales.

Chapitre 5

PROTOTYPES ET ACTEURS

Ce chapitre présente deux variations importantes des idées de base des langages à objets. Les *langages de prototypes* font disparaître la différence entre classes et instances en introduisant la notion unique d'objet prototype. Ils remplacent la notion d'héritage par celle de délégation. Les *langages d'acteurs* généralisent la notion d'envoi de message pour l'adapter à la programmation parallèle : l'envoi de message n'est plus une invocation de méthode, mais une requête envoyée à un objet.

5.1 LANGAGES DE PROTOTYPES

Les langages à objets que nous avons présentés jusqu'à présent étaient tous fondés sur les notions de classe, d'instance et d'héritage. Ces trois notions induisent deux relations entre les entités du langage : la relation d'instanciation entre un objet et sa classe, et la relation d'héritage entre une classe et sa classe de base. Pour distinguer ces langages à objets classiques des langages de prototypes, nous appellerons les premiers *langages de classes*.

Les premiers travaux sur les langages de prototypes datent de 1986 ; ils sont dus à Henry Lieberman du MIT, qui à la même époque a aussi travaillé sur les langages d'acteurs. Le langage qui a inspiré cette présentation s'appelle Self, créé et développé depuis 1987 par David Ungar et Randall Smith à l'université de Stanford. Il représente l'étape la plus avancée dans le domaine des langages de prototypes.

Prototypes et clonage

Dans un langage de prototypes, il n'y a pas de différence entre classes et instances : tout objet est un *prototype* qui peut servir de modèle pour créer d'autres objets. L'opération qui permet de créer un nouvel objet à partir d'un prototype s'appelle le *clonage*, et consiste à recopier l'objet cloné.

Dans un prototype, l'état et le comportement sont confondus : il n'y a pas de différence entre champs et méthodes, appelés indistinctement *cases* (« slots » en anglais). Pour accéder au champ *x*, un prototype s'envoie le message *x*. Pour modifier le champ *x*, il s'envoie le message *x:* avec la nouvelle valeur en argument.

Nous déclarons un prototype par une liste de couples nom de case / valeur, entourée d'accolades. Les champs ont pour valeur une expression tandis que les méthodes ont pour valeur un bloc (noté entre crochets, comme en Smalltalk). Un prototype de pile aura ainsi l'aspect suivant :

```
Pile ← {
    pile                Tableau cloner.
    sommet              0.
    Empiler: unObjet    [ sommet: (sommet + 1).
                          pile en: sommet mettre: unObjet ].
    Dépiler             [ sommet: (sommet - 1) ].
    Sommet              [ ↑ pile en: sommet  ].
}
```

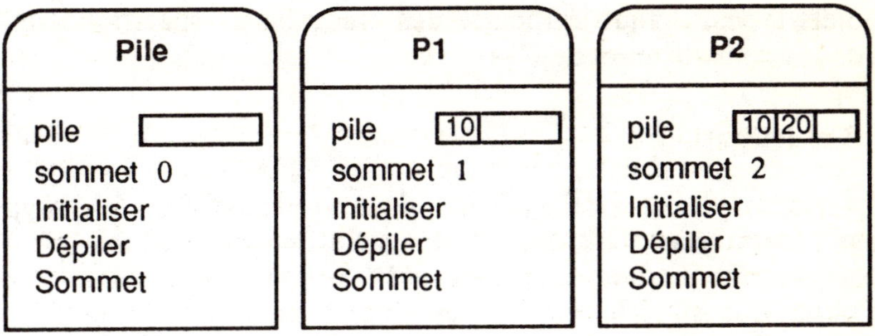

Figure 21 - Le prototype *Pile* et deux clones

Les cases *pile* et *sommet* sont des champs. Leurs valeurs correspondent aux valeurs initiales à la création du prototype. Les messages d'accès *pile* et *sommet*, et les messages d'affectation *pile:* et *sommet:* sont implicitement créés. Les autres cases sont des méthodes. Comme tous les accès aux champs se font par messages, la pseudo-variable *self* est le receveur implicite des messages. La méthode *Dépiler* pourrait s'écrire sous la forme :

```
Dépiler             [ self sommet: (self sommet - 1) ].
```

Dans cet exemple, *Pile* est un prototype, donc un objet directement utilisable. Nous allons utiliser *Pile* comme un modèle pour créer et manipuler deux piles (figure 21) :

```
p1 ← Pile cloner.
p1 Empiler: 10.
x ← p1 Sommet.                -- x vaut 10
p2 ← p1 cloner.               -- p2 contient déjà 10
p2 Empiler: 20.
```

Dans un langage de classes, une classe contient une *description* de ses instances. Dans un langage de prototypes, tout objet est un *exemplaire* qui peut être reproduit par clonage. Comme on le voit dans l'exemple ci-dessus, ce mécanisme simplifie l'initialisation des objets : il suffit d'initialiser correctement le prototype qui sert de modèle. À titre de comparaison, Smalltalk exige de redéfinir la méthode d'instanciation définie dans la métaclasse ; avec les langages à objets typés, il faut introduire des mécanismes spécifiques tels que les constructeurs de C++.

La délégation

Le clonage consiste en la duplication exacte d'un prototype dans son état courant. Cela signifie que l'état et le comportement sont copiés et qu'il n'y a pas de lien entre l'objet qui sert de modèle et l'objet résultant du clonage, comme illustré dans la figure 21. Il n'y a donc pas de possibilité de partage entre les objets. Dans les langages de classes, le partage existe à deux niveaux :

- par le lien d'instanciation entre un objet et sa classe, toutes les instances d'une classe partagent le même comportement, décrit dans la classe.
- par le lien d'héritage entre une classe et sa superclasse, les classes dérivées partagent les descriptions contenues dans leurs superclasses.

Dans les langages de prototypes, un mécanisme unique, la *délégation*, permet à des objets de partager des informations. Un objet peut déléguer à un autre objet, appelé *parent*, les messages qu'il ne comprend pas. Dans l'exemple de la pile, nous allons partager les méthodes *Empiler*, *Dépiler* et *Sommet* en les mettant dans un prototype à part, qui deviendra le parent de tous les clones de la pile. Lorsque l'un de ces messages sera envoyé à un clone de la pile, il sera délégué à son prototype, dans ce cas *protoPile*.

```
protoPile ← {
    Empiler: unObjet      [ sommet: (sommet + 1).
                            pile en: sommet mettre: unObjet ].
    Dépiler               [ sommet: (sommet - 1) ].
    Sommet                [ ↑ pile en: sommet  ].
}
```

Le prototype de la pile s'écrit maintenant comme suit :

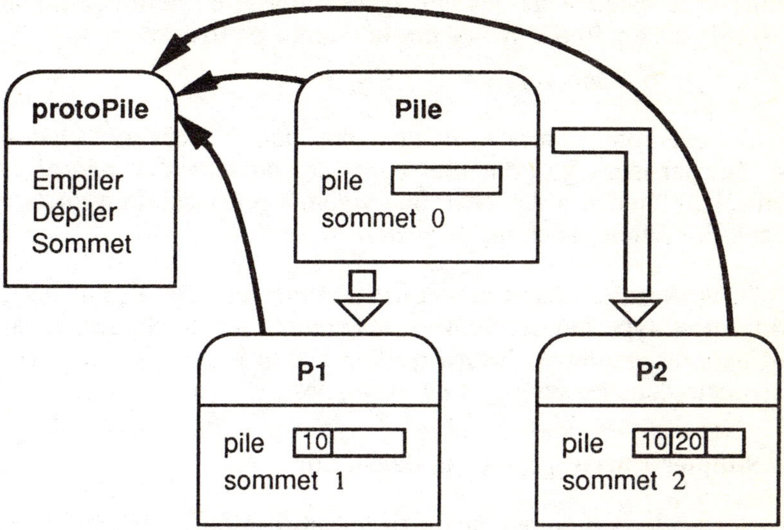

Figure 22 - Partage de méthodes avec les prototypes.
Les flèches noires indiquent le parent (qui est un champ).
Les flèches blanches indiquent les opérations de clonage

```
Pile ←{
    parent      protoPile.
    pile        Tableau cloner.
    sommet      0.
}
```

Lorsque l'on clone un prototype, les objets créés ont le même parent que leur prototype. Dans notre exemple, les clones de *Pile* ont pour parent *protoPile*. L'exemple d'utilisation vu plus haut est toujours valable, mais le schéma des objets à l'exécution change, comme le montre la figure 22. Lorsque l'on envoie le message *Empiler* à *p1*, il est délégué à son parent *protoPile*.

Dans cet exemple, le couple *(Pile, protoPile)* joue le rôle d'une classe dans un langage de classes. Le lien d'instanciation entre un objet et sa classe est réalisé par la délégation. L'instanciation se fait par clonage, mais on pourrait aisément simuler le mécanisme des langages de classe en définissant dans *protoPile* la méthode *Nouveau*, qui aurait pour valeur

```
[ ↑ Pile cloner].
```

Cet exemple montre également pourquoi l'accès aux champs se fait par message : dans les corps des méthodes de *protoPile*, on fait référence à des champs (*sommet*, *pile*) qui sont déclarés dans *Pile*, donc inconnus de *protoPile*.

Dans la suite, nous utiliserons le terme « classe » pour parler d'un prototype qui contient exclusivement des méthodes. Il faut néanmoins garder à l'esprit qu'une classe n'est pas une notion distincte dans les langages de protoypes.

Simuler l'héritage avec la délégation

Nous allons maintenant illustrer l'utilisation de la délégation pour simuler l'héritage. Reprenons pour cela l'exemple des Tours de Hanoi. Une tour est une pile qui doit contrôler la taille des objets empilés. On crée donc un prototype *Tour* qui a pour parent le prototype *protoTour*, qui a lui-même pour parent *protoPile*.

```
protoTour ← {
    parent            protoPile.
    Empiler: unObjet       [
        unObjet < Sommet
            siVrai: [ parent Empiler: unObjet ]
            siFaux: [ "Empiler: objet trop grand" Écrire ]
    ].
}
Tour ← (Pile cloner) parent: protoTour.
```

Nous avons défini dans ce nouveau prototype une méthode *Empiler:* qui, selon la taille de l'objet, demande à son parent de réaliser l'empilement ou affiche un message d'erreur. Le prototype *Tour* est créé par clonage du prototype *Pile*, en changeant son parent. L'utilisation de *Tour* est illustrée par l'exemple suivant et la figure 23.

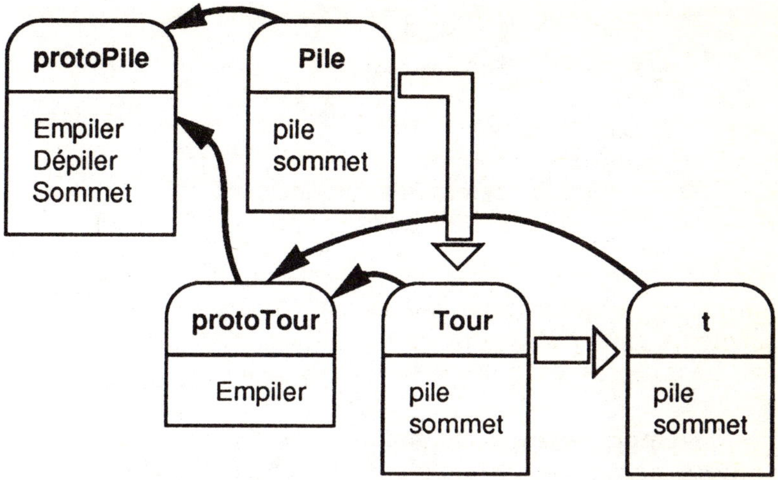

Figure 23 - Simulation de l'héritage par la délégation.
Les flèches ont la même signification que pour la figure 22

```
t ← Tour cloner.
t Empiler: 10.
t Empiler: 20.                  -- Empiler: objet trop grand
```

L'exemple de la pile que nous venons de présenter permet de faire le parallèle entre les langages de prototypes et les langages de classes. Mais l'intérêt des prototypes est d'étendre les possibilités des langages de classes. Les prototypes permettent ainsi, entre autres, de créer des objets dotés de comportements exceptionnels, d'avoir des champs calculés, et de faire de l'héritage dynamique. Nous allons maintenant illustrer ces différentes possibilités.

Comportements exceptionnels

Dans l'exemple de la tour, si notre application utilise une seule tour, on peut créer un objet qui a le comportement d'une tour sans pour autant créer la classe correspondante. Il suffit de redéfinir la case *Empiler:* dans l'objet lui-même :

```
t←{
    parent          protoPile.
    pile            Tableau cloner.
    sommet          0.
    Empiler: unObjet      [
        unObjet < Sommet
            siVrai: [ parent Empiler: unObjet ]
            siFaux: [ "Empiler: objet trop grand" Écrire ]
    ].
}

t Empiler: 10.
t Empiler: 20.                    -- Empiler: objet trop grand
```

Cet exemple montre comment créer des objets avec des comportements exceptionnels. Les objets *vrai* et *faux* de Smalltalk sont un autre exemple d'application : là où nous avions créé deux classes *Vrai* et *Faux*, avec chacune une instance unique, il nous suffit de créer deux prototypes *vrai* et *faux*, contenant chacun une version de la méthode *siVrai:siFaux:*. On peut noter que de tels objets peuvent être clonés, les clones disposant également du comportement exceptionnel.

Une autre application des comportements exceptionnels est la mise au point de programme. Si l'on veut suivre le comportement d'un objet précis, on peut définir une méthode dans l'objet de la façon suivante (nous utilisons la méthode *ajoute:* qui permet d'ajouter des cases dans un objet) :

```
p ← Pile cloner ajoute: {
    Empiler: unObjet      [
        "p Empiler" Écrire.
        parent Empiler: unObjet
    ]
}
```

Tout empilement sur *p* provoquera un message. Dans un langage de classes, l'ajout d'une trace dans la méthode *Empiler* de la classe *Pile* provoquerait l'écriture du message pour tout objet de la classe *Pile*.

Champs calculés

L'accès aux champs d'un prototype par envoi de message permet de définir des champs dont la valeur est calculée et non pas stockée dans l'objet. Pour illustrer cela, définissons un prototype *protoPoint* qui contient des méthodes de manipulation de points, et deux prototypes de points : l'un dont la position est stockée en coordonnées cartésiennes (*Cartésien*), l'autre en coordonnées polaires (*Polaire*) :

```
protoPoint ← {
    Écrire    [ x Écrire. ", " Écrire. y Écrire ].
    +: p      [ ↑ cloner x: (x + p x) y: (y + p y) ].
}
```

La méthode +: crée un nouveau point dont les coordonnées sont la somme des coordonnées du receveur et de l'argument.

```
Cartésien ← {
    parent   protoPoint.
    x        0.
    y        0.
}
```

```
Polaire ← {
    parent   protoPoint.
    rho      0.
    thêta    0.
}
```

Malheureusement, le prototype *Polaire* est inutilisable car les méthodes de *protoPoint* utilisent les champs *x* et *y*. Pour remédier à cette situation, il suffit d'ajouter les méthodes *x*, *y*, *x:* et *y:* à Polaire pour simuler les champs absents, grâce aux équations suivantes :

$$x = \rho \cos \theta \qquad \rho = \sqrt{(x^2 + y^2)}$$

$$y = \rho \sin \theta \qquad \theta = \text{atan}\,(y / x)$$

De l'extérieur, tout ce passe comme si *Polaire* avait les champs *x* et *y*, qui sont en réalité calculés à partir des coordonnées polaires stockées dans l'objet.

```
Polaire ← {
    parent   protoPoint.
    rho      0.
    thêta    0.
```

```
        x          [ ↑ rho * thêta cos ].
        y          [ ↑ rho * thêta sin ].
        x: val     [ rho: (val * val + y * y) sqrt. thêta: (y / val) atan ].
        y: val     [ rho: (x * x + val * val) sqrt. thêta: (val / x) atan ].
    }
```

On pourrait de façon similaire ajouter les champs calculés *rho* et *thêta* au prototype *Cartésien*. Cela permettrait d'utiliser les coordonnées les plus adéquates dans les méthodes de *protoPoint*.

Héritage dynamique

Le parent d'un prototype est une case similaire aux autres, à l'exception de son rôle particulier pour la délégation lors de l'envoi de messages. Rien n'interdit donc de modifier la valeur de la case qui contient le parent d'un objet après la création de celui-ci : c'est l'*héritage dynamique*. Ainsi, en utilisant les définitions de *Pile* et de *Tour* vues plus haut, on peut transformer une tour en pile en affectant sa case *parent* :

```
t ← Tour cloner.
t Empiler: 10.
t Empiler: 20.              -- Empiler: objet trop grand
t parent: Pile.             -- la tour devient une pile
t Empiler: 20.              -- OK
```

Les applications de cette technique sont multiples. Par exemple, il arrive que la classe d'un objet ne puisse être déterminée complètement à sa création, ou qu'elle soit amenée à changer lors de la vie de l'objet. L'héritage dynamique permet de préciser la classe au fur et à mesure des connaissances acquises. Par exemple, dans un système graphique, des opérations entre objets graphiques permettent de créer de nouveaux objets. Si un objet ainsi créé se trouve être un objet régulier comme un rectangle, il peut changer de parent pour utiliser des méthodes plus efficaces que celles définies sur un objet quelconque. Inversement, si un rectangle est transformé par une rotation, il devient un polygone, et doit changer de parent en conséquence.

L'héritage dynamique est également utile lors de la mise au point d'un programme : pour observer un objet, on lui affecte comme parent un prototype qui trace les opérations effectuées. On peut également tester une nouvelle implémentation d'une classe en affectant, en cours d'exécution, la nouvelle classe au parent d'un objet.

Conclusion

En abolissant les différences entre classe et instance, et en unifiant les champs et les méthodes, les langages de prototypes ouvrent de nouvelles portes aux langages à objets à liaison dynamique.

De façon assez surprenante, l'implémentation d'un langage de prototypes peut être plus efficace que celle d'un langage tel que Smalltalk. Ceci nécessite néanmoins la mise en œuvre de techniques assez complexes, qui consistent pour l'essentiel à garder dans des caches les résultats des recherches de méthodes pour optimiser les envois de messages, et à compiler différentes versions d'une méthode pour des contextes d'appels différents.

Il n'en reste pas moins que les langages de prototypes sont des langages non typés, donc sans aucun contrôle de la validité d'un programme avant son exécution. Autant il est envisageable d'ajouter des déclarations de type dans un langage comme Smalltalk, autant cela est illusoire dans un langage de prototypes. En effet, la notion de type, qui correspond à celle de classe dans un langage de classes, n'a pas vraiment d'équivalent dans un langage de prototypes. Si l'on considère que le type d'un objet est son parent, tout typage statique est impossible car le type de l'objet peut changer durant sa vie. Par ailleurs, la structure d'un objet peut aussi changer par ajout de cases, de telle sorte qu'utiliser la structure d'un objet comme type est également impossible.

En l'absence de moyens de vérification statique des programmes, les langages de prototypes restent donc réservés essentiellement au prototypage...

5.2 LANGAGES D'ACTEURS

Les langages d'acteurs sont nés au MIT des travaux de Carl Hewitt dans les années 70 avec le langage Plasma. Au début des années 80 Henry Liebermann, du MIT, a développé ACT1, puis Akinori Yonezawa de l'Institut de Technologie de Tokyo a introduit ABCL/1.

L'objet des langages d'acteurs est de fournir un modèle de calcul parallèle fondé sur des entités indépendantes et autonomes communiquant par messages. Ces entités, appelées *acteurs*, sont composées d'un état et d'un filtre. L'état est constitué de variables locales et de références à d'autres acteurs, tandis que le filtre est une suite de modèles de messages auxquels l'acteur peut répondre. Chaque acteur est autonome : lorsqu'un message arrive, il vérifie s'il correspond à un modèle de son filtre. Si c'est le cas, l'acteur receveur exécute le bloc d'instructions correspondant. Sinon, l'acteur délègue le message à un autre acteur, appelé son *mandataire* (« proxy » en anglais). Ce mécanisme de délégation est similaire à celui des langages de prototypes, et nous ne reviendrons pas dessus.

Les seules actions que peut effectuer un acteur sont l'*envoi de message*, la *création* de nouveaux acteurs, et sa *transformation* en un autre acteur. L'envoi de message est asynchrone : l'acteur ne se soucie pas de ce qu'il advient des messages qu'il envoie. Cet envoi asynchrone introduit le parallélisme de manière naturelle : l'acteur continue son activité pendant que le message envoyé est traité par son destinataire. Comme chaque acteur est séquentiel, il dispose d'une boîte aux lettres dans laquelle sont stockés les messages qui arrivent pendant qu'il traite un message.

La création d'acteur est simple : un acteur peut créer un autre acteur, dont il spécifie le mandataire, l'état, et le filtre. La transformation d'un acteur est similaire à sa création, à la différence que le nouvel acteur remplace le précédent, c'est-à-dire qu'il récupère sa boîte aux lettres. Dans le modèle introduit par Gul Agha, un acteur peut se transformer avant d'avoir terminé le traitement du message en cours. Dans ce cas, un acteur peut traiter plusieurs messages en parallèle : il lui suffit, lorsqu'il reçoit un message, de commencer par spécifier son remplaçant. Celui-ci pourra immédiatement traiter le prochain message en attente. La possibilité de traiter des messages en parallèle interdit de modifier l'état de l'acteur. Ceci justifie la nécessité de fournir explicitement un remplaçant, qui est généralement une copie modifiée de l'acteur initial.

L'envoi asynchrone de messages, s'il introduit naturellement le parallélisme, pose un problème : comment envoyer un message et obtenir un résultat en retour ? La réponse consiste à transmettre une continuation avec le message. Une *continuation* désigne l'acteur auquel le receveur d'un message devra transmettre sa réponse. Un acteur peut recevoir la réponse d'un message en se mentionnant comme continuation du message, mais il peut aussi mentionner un autre acteur qui saura traiter le résultat mieux que lui.

Considérons par exemple les trois acteurs suivants : le *lecteur* lit des expressions au clavier, l'*évaluateur* évalue des expressions, et l'*imprimeur* affiche des valeurs. Le lecteur, lorsqu'il a lu une expression, envoie un message à l'évaluateur avec comme contenu l'expression à évaluer et comme continuation l'imprimeur. Ainsi, l'évaluateur transmettra directement le résultat à afficher à l'imprimeur. Dans un modèle classique, le lecteur demanderait l'évaluation à l'évaluateur, recevrait la réponse, et la transmettrait à l'imprimeur.

Avec cet exemple, on pourrait penser que la continuation est inutile, puisque l'évaluateur envoie toujours sa réponse à l'imprimeur. Ce n'est pas le cas : l'évaluateur peut, si l'expression est complexe, s'envoyer des messages avec des sous-expressions à évaluer, en se spécifiant comme sa propre continuation. Un autre acteur, qui lit par exemple dans un fichier, peut envoyer des messages à l'évaluateur avec comme continuation un imprimeur qui écrit dans un fichier de sortie (figure 24).

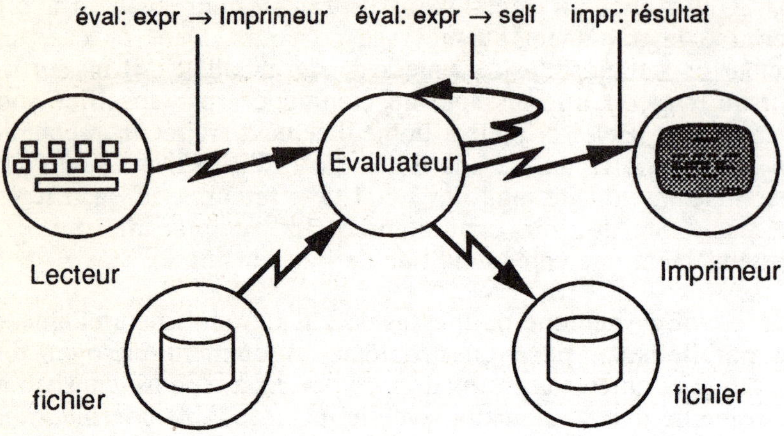

Figure 24 - Envois de messages avec continuations

Programmer avec des acteurs

Pour les exemples de cette section, nous avons adapté la syntaxe utilisée précédemment pour les prototypes. Un acteur est décrit par son nom, éventuellement suivi de son état et de son filtre. Le filtre est un ensemble de couples <modèle de message / action>. Un modèle est un nom de message, avec des arguments et une continuation éventuelle, indiquée par une flèche « → ». La création d'acteurs et l'envoi de message ont la forme suivante :

créer acteur (état1, état2, ... état*n*)
acteur msg1: arg1 msg2: arg2 ... msg*n*: arg*n* → continuation

La figure 25 montre la représentation d'un acteur : la flèche horizontale représente la vie de l'acteur, les lignes brisées représentent les envois de messages et les lignes pointillées représentent les créations d'acteurs.

Lorsqu'un acteur reçoit un message, les modèles de son filtre sont comparés au message reçu. Le modèle qui ressemble le plus au message reçu est choisi, et l'action correspondante est

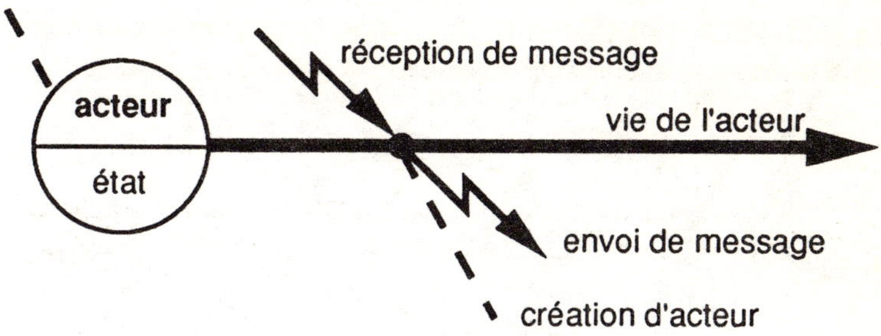

Figure 25 - Représentation d'un acteur

activée. Si aucun modèle ne convient, le message est transmis au mandataire, s'il y en a un ; sinon il y a erreur.

Programmer avec des acteurs exige d'oublier tout ce que l'on sait de la programmation pour apprendre de nouvelles techniques spécifiques du parallélisme. Prenons l'exemple simple de la factorielle, que chacun sait écrire sous la forme d'une fonction récursive. Voici comment on réalise le calcul d'une factorielle avec des acteurs :

```
acteur   factorielle
filtre
    fact: 0 → r   [ r envoie: 1].
    fact: i → r   [ cont ← créer mult (i, r).
                    self fact: (i - 1) → cont].

acteur   mult
état     val rec
filtre
    envoie: v      [ rec envoie: (v * val)].
```

L'acteur *factorielle* a deux modèles de messages, qui concernent tous les deux le message *fact:* avec une continuation. Le premier modèle ne reconnaît le message *fact:* que lorsque son argument est nul ; le second reconnaît les autres messages *fact:*. L'acteur *factorielle* utilise un autre acteur, *mult*, pour l'aider à faire son calcul. L'état de *mult* est constitué par un entier *val* et un acteur *rec*. Lorsqu'il reçoit le message *envoie:*, il renvoie le message *envoie:* à l'acteur *rec*, avec comme argument

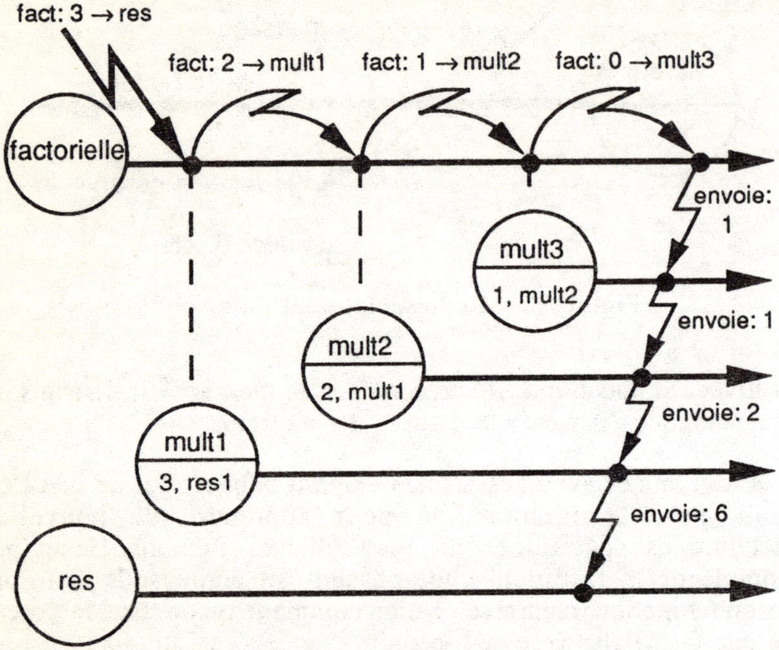

Figure 26 - Calcul de la factorielle

le produit de *val* et de la valeur reçue. En d'autres termes, *mult* réalise une multiplication et transmet le résultat à un acteur qui a été spécifié à sa création.

Lorsque l'acteur *factorielle* reçoit un message lui demandant de calculer la factorielle de *i* et de transmettre le résultat à la continuation *r*, il commence par créer un acteur *mult*. Cet acteur multipliera par *i* la valeur qui lui sera transmise, et enverra le résultat à *r*. Ensuite, l'acteur *factorielle* s'envoie un message lui demandant de calculer la factorielle de *i-1* et de transmettre le résultat à l'acteur *mult* qu'il vient de créer. Cet acteur multipliera donc la factorielle de *i-1* par *i*, produisant le résultat escompté. Lorsque *factorielle* doit calculer la factorielle de 0, il envoie directement 1 à la continuation du message, ce qui

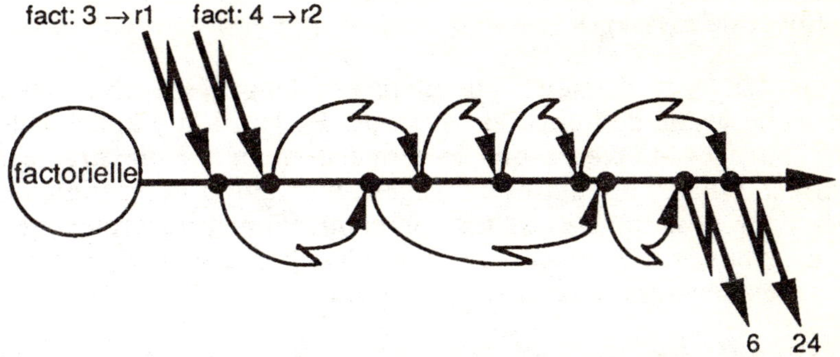

Figure 27 - Calcul simultané de plusieurs factorielles

termine le calcul en évitant l'envoi infini de messages de *factorielle* à lui-même.

La figure 26 visualise le calcul d'une factorielle. Il y a création d'un ensemble d'acteurs $mult_i$, un pour chaque étape du calcul. Ces acteurs sont inactifs jusqu'à réception du message *envoie:*. Le calcul se déclenche en chaîne lorsque *factorielle* envoie le message *envoie:* à $mult_3$.

Le modèle des acteurs nous a obligé à transformer la récursion en un ensemble d'acteurs qui représente le déroulement du calcul. Dans cet exemple, le calcul est strictement séquentiel. Néanmoins, l'acteur *factorielle* est capable de calculer plusieurs factorielles simultanément. En effet, observons ce qui se passe lorsqu'il reçoit deux messages *fact:* (figure 27) : les deux calculs s'enchevêtrent sans se mélanger, car les messages transportent l'information suffisante pour le calcul qu'ils sont en train d'effectuer, sous la forme de continuations.

Il existe d'autres techniques de programmation avec des acteurs, que nous ne détaillerons pas ici, à part la jointure de continuations dont nous donnerons un exemple plus loin.

Envoi de messages

Les langages d'acteurs apportent aux langages à objets une nouvelle vision de l'envoi de message. En fait, il n'y a que dans les langages d'acteurs que le terme d'*envoi de message* est correct : dans les autres langages, il s'agit d'invocation de procédures ou fonctions. La communication asynchrone, que nous avons utilisée jusqu'à présent, n'est pas la seule disponible dans les langages d'acteurs.

ABCL/1, par exemple, dispose de deux autres types de communication. Le premier, la communication synchrone, correspond à l'envoi de message avec attente de réponse. Dans ce cas la continuation est obligatoirement l'émetteur du message. La communication synchrone bloque l'émetteur jusqu'à réception du message. L'autre type de communication d'ABCL/1, la communication anticipée, permet de lever cette contrainte. Au lieu d'être bloqué dans l'attente de la réponse, l'acteur continue à fonctionner. Pour savoir si la réponse est disponible, il interroge le receveur du message. De cette façon, un acteur peut lancer des messages et collecter les réponses lorsqu'il en a besoin.

Par ailleurs ABCL/1 offre deux modes de transmission des messages : le mode ordinaire, dans lequel les messages sont ajoutés dans la boîte aux lettres du receveur, et le mode express. Lorsqu'un message express est envoyé à un acteur, celui-ci est interrompu pour traiter ce message immédiatement. S'il était déjà en train de traiter un message express, le message reçu est mis dans la boîte aux lettres des messages express, qui est toujours traitée avant la boîte aux lettres des messages ordinaires.

Les différents types de communication comme les modes de transmissions sont destinés à faciliter la programmation avec des acteurs qui reste pourtant assez déroutante. Ainsi les messages express permettent de réaliser des interruptions. Supposons qu'un acteur représente un tableau, et qu'un message permette de trouver un élément dans le tableau. L'acteur décide de répartir le travail entre plusieurs acteurs qui cherchent dans des parties disjointes du tableau. Dès qu'un acteur a trouvé l'élément cherché, il est inutile pour les autres de poursuivre. L'acteur principal peut alors les interrompre par l'envoi d'un message express. Sans ce moyen, chaque acteur devrait découper sa recherche en étapes élémentaires, en s'envoyant des messages à lui-même afin que le message d'interruption puisse être pris en compte.

Objets et acteurs

On peut se demander dans quelle mesure les langages d'acteurs sont des langages à objets. Un acteur est un objet dans le sens où il détient un état et un comportement, mais, contrairement à un objet, il est actif et s'apparente plutôt à un processus. Cela apparaît clairement dans l'exemple de la factorielle : l'acteur est un objet qui calcule une factorielle, alors qu'un langage à objets classique verrait la factorielle comme un message envoyé à un nombre. Les acteurs sont donc aptes à représenter un comportement ou un calcul, à l'instar des fonctions, ce que les objets sont incapables de faire. Mais les acteurs peuvent aussi représenter un état et des méthodes associées, à l'instar des objets. De tels acteurs peuvent être amenés à créer des acteurs de calcul pour répondre à un message. L'exemple ci-dessous illustre cet aspect.

Il s'agit de représenter le jeu des Tours de Hanoi, et de le résoudre. Nous aurons besoin dans cet exemple de listes de type Lisp. Une liste est notée entre accolades. Nous supposons qu'une liste répond aux messages synchrones *ajoute:*, *car* et *cdr*, et qu'elle peut être parcourue par le message *répéter:* qui prend en argument un bloc avec un argument. Nous dénotons les messages synchrones en utilisant le symbole « ⌟ » comme continuation. Les messages synchrones peuvent retourner une valeur en utilisant l'opérateur « ↑ ».

Nous allons utiliser un acteur *Tour* pour représenter une tour, dont l'état contient la pile des disques. Un acteur *Hanoi* représentera l'ensemble du jeu.

```
acteur    Tour
état      pile sommet
filtre
    Empiler: x          [ pile en: sommet mettre: x ↲.
                          sommet ← sommet + 1 ]
    Dépiler             [ sommet ← sommet - 1 ]
    Sommet              [ ↑pile en: sommet ↲ ]
```

L'acteur *Tour* est ici une pile : nous n'avons pas inséré le test qui compare la taille de l'objet empilé avec le sommet courant. Ceci n'est pas important dans cet exemple, car la résolution par programme des Tours de Hanoi assure que les règles du jeu sont respectées. *Sommet* est un message synchrone qui retourne l'objet en sommet de pile. Nous avons supposé que l'acteur qui représente la pile sait répondre aux messages d'accès *en:* et *en:mettre:*. L'empilement utilise un message synchrone.

```
acteur    Hanoi
état      gauche droite centre nd
filtre
    Initialiser
        [ (1 à nd) répéter [ :i | gauche Empiler: (nd - i) ] ]
    déplacer: dép vers: arr
        [ arr Empiler: (dép Sommet ↲).  dép Dépiler ]
    Jouer
        [ jh ← créer JoueHanoi (self).
          jh déplacer: nd de: gauche vers: droite
                par: centre tag: 1 → jh ]
```

L'acteur *Hanoi* représente les Tours de Hanoi. *Initialiser* permet de mettre *nd* disques de tailles décroissantes sur la tour de gauche. *déplacer:vers:* déplace un disque de la tour passée en premier argument vers celle passée en second argument ; il envoie le message synchrone *Sommet* à la tour de départ, empile la valeur retournée sur la pile d'arrivée, et dépile la tour de départ. *Jouer* permet de lancer la résolution du jeu. *Jouer* crée un acteur *JoueHanoi* chargé de résoudre le jeu. Rappelons l'algorithme séquentiel récursif qui résout les Tours de Hanoi :

```
-- déplacer n disques de la tour dép vers la tour arr
-- en utilisant la tour intermédiaire inter
procédure Hanoi (n : entier; dép, arr, par : tour) {
    si n ≠ 0 alors {
        Hanoi (n-1, dép, inter, arr);
        DéplaceDisque (dép, arr);
        Hanoi (n-1, inter, arr, dép);
    }
}
```

Avec les acteurs, la difficulté provient de la résolution parallèle qui doit néanmoins produire une liste *ordonnée* de déplacements de disques. Selon la technique utilisée pour calculer la factorielle, et à l'aide d'une jointure de continuations, nous allons créer des acteurs qui représentent les étapes du calcul, c'est-à-dire les sous-séquences de déplacements de disques.

```
acteur   JoueHanoi
état     hanoi
filtre
    déplacer: 1 de: D vers: A par: M tag: t → cont
        [ cont tag: t liste: {D A} ]
    déplacer: n de: D vers: A par: M tag: t → cont
        [ c ← créer Jointure (cont, t, {D A}, 0).
          self déplacer: n-1 de: D vers: M par: A tag: t*2 → c.
          self déplacer: n-1 de: M vers: A par: D tag: t*2+1 → c.
        ]
    tag: t liste: listedépl
        [ listedépl répéter:
            [ :d | hanoi déplacer: (d car ↵) vers: (d cdr ↵) ↵]
        ]
```

Lorsqu'il reçoit le message de résolution *déplacer:de:vers: par:tag:*, l'acteur *JoueHanoi* crée un acteur *Jointure* pour la jointure des continuations et s'envoie deux messages de résolution pour les deux sous-problèmes. L'acteur de jointure est initialisé avec le déplacement médian et la continuation de *JoueHanoi*. Il attend de recevoir les deux listes de déplacements, les combine avec le déplacement médian, et envoie le résultat à la continuation. Voyons maintenant l'acteur de jointure :

```
acteur   Jointure
état     cont t listedépl attente
filtre
    tag: t*2 liste: l
         [ listedépl ← l ajoute: listedépl ↵. self envoyer ]
    tag: t*2 +1 liste: l
         [ listedépl ← listedépl ajoute: l ↵. self envoyer ]
    envoyer
         [ attente ← attente+1.
          (attente = 2) siVrai: [ cont tag: t liste: listedépl ] ]
```

Afin de combiner les listes de déplacements correctement, l'acteur de jointure doit pouvoir distinguer les deux listes qu'il reçoit. Pour cela, les messages de résolution transportent une étiquette, appelée *tag*, qui numérote chaque résolution de façon unique : la résolution d'étiquette *n* déclenche deux résolutions d'étiquettes $2*n$ et $2*n+1$. L'acteur de jointure est initialisé avec l'étiquette de la résolution pour laquelle il a été créé ; il peut donc déterminer l'origine des listes qu'il reçoit et combiner les déplacements en conséquence. Le message *envoyer* permet d'envoyer le déplacement final à la continuation, lorsque les deux sous-listes ont été reçues.

Le message *tag:liste:* est envoyé par *JoueHanoi* lorsqu'il a un seul disque à déplacer, et par *Jointure* lorsqu'il a combiné les listes avec le déplacement médian. Il est reçu soit par *Jointure*, auquel cas il contient les sous-listes de déplacements, soit par *JoueHanoi* lui-même lorsque la résolution est terminée. Dans ce cas, la valeur de l'étiquette n'est plus utile. Lorsque *JoueHanoi* reçoit la résolution finale, il énumère la liste des déplacements et envoie à *Hanoi* des messages de déplacement de disque *déplace:vers:*. Ces envois de messages sont synchrones pour assurer leur traitement dans l'ordre d'émission ; sinon, tout le travail précédent aurait été inutile.

L'exemple ci-dessous initialise un acteur *Hanoi* avec deux disques et lance une résolution, qui est illustrée figure 28.

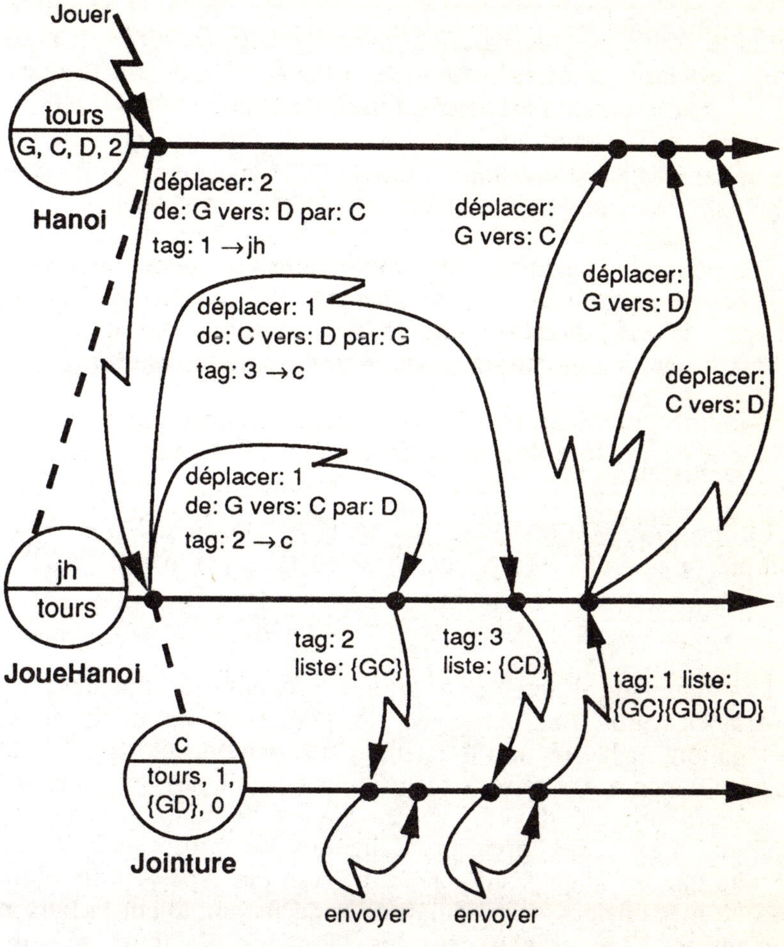

Figure 28 - Résolution des Tours de Hanoi

```
tours ← créer Hanoi (
                créer Tour (créer Tableau, 0),   -- gauche
                créer Tour (créer Tableau, 0),   -- centre
                créer Tour (créer Tableau, 0),   -- droite
                2).                              -- nd
tours Initialiser. tours Jouer.
```

Le degré de parallélisme obtenu est assez faible : l'acteur de jointure fonctionne en parallèle avec l'acteur *JoueHanoi*, mais c'est ce dernier qui fait l'essentiel du travail. Si l'on a *n* disques, il y a création d'un seul acteur *JoueHanoi*, et de $2^{n-1}-1$ acteurs de jointure. Le temps de résolution est exponentiel en fonction de *n*, car l'acteur *JoueHanoi* s'envoie 2^{n-1} messages qu'il traite séquentiellement.

On pourrait augmenter le parallélisme en créant un acteur *JoueHanoi* à chaque décomposition du problème. Pour *n* disques, il y aurait création de $2*(n-1)$ acteurs JoueHanoi et de $2^{n-1}-1$ acteurs de jointure, et le temps de résolution serait linéaire en fonction de *n*.

Conclusion

La programmation avec un langage d'acteurs n'est pas simple, mais cela est vrai de tous les langages parallèles. Par contre, le modèle des acteurs est facile à comprendre, ce qui n'est pas le cas de tous les modèles du parallélisme.

Les langages d'acteurs sont plus proches des langages de prototypes que des langages de classes : ils utilisent la délégation, et la création d'acteurs est proche du clonage. Cette ressemblance a des raisons historiques : la plupart des langages d'acteurs ont été développés au-dessus de Lisp, et ils sont contemporains des premiers langages de prototypes. Il en résulte que les langages d'acteurs ne sont pas typés, qu'ils n'ont pas de mécanismes de modularité, et qu'ils emploient la liaison dynamique. Les travaux sur les langages d'acteurs se sont focalisés essentiellement sur la sémantique de l'envoi de message, au détriment de ces autres aspects.

Les langages d'acteurs et les langages de prototypes explorent des directions indépendantes qui se démarquent du modèle strict des langages de classe. Ils permettent aussi de mieux comprendre l'essence de la programmation par objets, et l'on peut s'attendre à des retombées de ces travaux sur les langages à objets plus classiques.

Chapitre 6

PROGRAMMER AVEC DES OBJETS

Ce chapitre présente quelques techniques usuelles de programmation par objets et une ébauche de méthodologie. Il se termine par l'exemple complet des Tours de Hanoi, qui complète les classes *Pile* et *Tour* qui nous ont servi tout au long de ce livre. Bien que ce chapitre s'applique aux langages à objets typés aussi bien qu'aux langages non typés, l'exemple sera développé dans le langage que nous avons utilisé au chapitre 3. Un certain nombre de points seront donc spécifiques des langages typés.

Contrairement à la programmation impérative ou fonctionnelle classique, la programmation par objets est centrée sur les structures de données manipulées par le programme. Le développement d'un programme suit donc les trois phases suivantes :

- Identification des classes.
- Définition du *protocole* des classes, c'est-à-dire les en-têtes des méthodes publiques (visibles de l'extérieur des classes).

- Définition des champs et implémentation des corps des méthodes. Définition éventuelle de méthodes privées (visibles uniquement de l'intérieur des classes).

L'identification correcte des classes, l'utilisation correcte de l'héritage et la bonne définition des protocoles sont déterminants lorsque l'on souhaite créer des classes réutilisables. Aussi est-il important de comprendre et de pratiquer la programmation par objets avant de l'utiliser (pour des besoins professionnels), afin d'en percevoir clairement, par l'expérimentation, les limites et les subtilités intrinsèques.

6.1 IDENTIFIER LES CLASSES

L'identification des classes d'objets, qui semble souvent aisée, nécessite en réalité une bonne pratique de la programmation par objets. Il faut éviter de définir trop peu de classes, qui correspondent à des fonctionnalités trop complexes, mais aussi de définir trop de classes, qui entretiennent des relations complexes entre elles. Le juste milieu est affaire d'expérience. Les méthodes de conception pour les langages à objets sont encore balbutiantes. Les méthodes de conception par objets (à ne pas confondre avec les précédentes) sont plus répandues, mais elles ne sont pas toujours les mieux adaptées aux langages à objets. Certaines d'entre elles par exemple ne prennent pas en compte l'héritage. Une bonne approche consiste aussi à étudier les bibliothèques de classes fournies avec les langages ou disponibles pour ceux-ci. La bibliothèque de classes de Smalltalk est à ce titre très instructive. Elle contient l'ensemble des classes qui implémentent le système d'exploitation et l'environnement de programmation graphique du système Smalltalk.

Nous proposons de distinguer plusieurs catégories de classes. Sans être exhaustive, cette classification donne une idée des différents rôles que peut jouer une classe d'objets dans une application.

Les *classes atomiques* représentent des objets autonomes, c'est-à-dire dont l'état vu de l'extérieur ne dépend pas d'autres classes. Par exemple, des classes d'objets graphiques (rectangles, cercles, etc.) ou géométriques (points, vecteurs, etc.) sont des classes atomiques. La classe des piles n'est pas une classe atomique car une pile renferme des objets auxquels on peut accéder.

Les *classes composées* sont des classes dont les instances sont des assemblages de composants, ceux-ci étant accessibles de l'extérieur. Accessible signifie que l'on peut avoir connaissance des composants, même si la classe contrôle ou limite leur accès. Par exemple, l'accès aux composants peut être en lecture seule, ou bien par l'intermédiaire de noms symboliques (indice, chaîne de caractères). La classe des Tours de Hanoi est un exemple de classe composée ; dans l'exemple que nous donnons plus loin dans ce chapitre, nous verrons que l'accès aux tours se fait de manière symbolique, par un type énuméré.

Les *classes conteneurs* sont un cas particulier de classes composées. Une instance d'une classe conteneur (un conteneur) renferme une collection d'objets et fournit des méthodes pour ajouter, enlever, rechercher des objets de la collection. Souvent, une classe conteneur fournit également un moyen d'énumérer les objets de la collection, souvent par l'intermédiaire d'une classe active ou d'un itérateur (voir ci-dessous). La classe des piles est un exemple typique de classe conteneur.

Les *classes actives* sont des classes qui représentent un processus plutôt qu'un état. En Smalltalk, les blocs sont des classes actives, qui nous ont servi dans le chapitre 4 à définir des structures de contrôle. Un autre exemple courant de classe active sont les classes d'*itérateurs*. Un itérateur est un objet qui permet d'énumérer les composants d'un autre objet. En général, l'objet itéré est un conteneur. Une méthode de l'itérateur retourne le prochain objet de l'objet énuméré. L'itérateur sert à stocker l'état courant de l'énumération, ce qui permet à plusieurs itérateurs d'être actifs simultanément sur le même objet. Un exemple d'itérateur est présenté plus loin dans cette section.

Les *classes abstraites* sont des classes qui ne sont pas prévues pour être instanciées, mais seulement pour servir de racine à une hiérarchie d'héritage. En général, les classes abstraites n'ont pas de champs. Leurs méthodes doivent être redéfinies dans les classes dérivées, ou doivent appeler de telles méthodes. Une classe abstraite sert à définir un protocole général qui ne préjuge pas de l'implémentation des classes dérivées. Un bon gage d'extensibilité d'un ensemble de classes est d'insérer des classes abstraites en des points stratégiques de l'arbre d'héritage.

Par exemple, la classe abstraite *Collection* décrite ci-dessous contient des méthodes d'ajout, de retrait, et de recherche d'un élément. Ces méthodes doivent être virtuelles si le langage impose la déclaration explicite de la liaison dynamique, comme en C++. Les classes dérivées (*Ensemble*, *Liste*, *Fichier*, etc.), doivent redéfinir ces méthodes en fonction de leur implémentation de la collection.

```
Collection = classe {
    méthodes
        procédure Ajouter (Objet);
        procédure Retirer (Objet);
        fonction Chercher (Objet) : booléen;
        fonction Suivant (Objet) : Objet;
}
```

Une classe abstraite peut également contenir des méthodes dont le corps est défini dans la classe abstraite, comme la méthode *AjouterSiAbsent* ci-dessous :

```
procédure AjouterSiAbsent (o : Objet) {
    si non Chercher (o) alors Ajouter (o);
}
```

En imposant un protocole sur ses classes dérivées, une classe abstraite permet d'obtenir une plus grande homogénéité entre les classes. Par exemple, la classe *Collection* évite d'avoir une méthode *Ajouter* dans *Ensemble* et une méthode *Insérer* dans *Liste* : les deux méthodes devront s'appeler *Ajouter*.

Une classe abstraite sert également à définir des classes générales (à défaut de génériques) : soit une classe abstraite *A* et une classe quelconque *C* ; en déclarant dans *C* des champs ou des arguments de méthodes de type *A*, on pourra utiliser C avec une plus grande gamme d'objets que si l'on avait utilisé une classe concrète. À titre d'exemple, et à partir de la classe *Collection* définie ci-dessus, on peut construire une classe générale *Itérateur*, alors qu'en l'absence de classe abstraite, on serait contraint de définir une classe d'itérateurs pour chaque classe conteneur.

```
Itérateur = classe {
    champs
        coll : Collection;
        courant : Objet;
    méthodes
        procédure Initialiser (c : Collection) {
            c := coll;
            courant := coll.Suivant (NUL);
        }
        fonction Suivant () : Objet {
            o : Objet;
            o := courant;
            si o ≠ NUL alors courant := coll.Suivant (courant);
            retourner o;
        }
}
```

Nous avons supposé ici que *Collection.Suivant(NUL)* retourne le premier objet de la collection, et que *Collection.Suivant(o)* retourne *NUL* lorsque *o* est le dernier élément de la collection. *NUL* est un objet distingué qui sert ici à simplifier l'écriture.

Héritage ou imbrication ?

Le principal problème dans l'identification des classes est le choix de la hiérarchie d'héritage. Il s'agit de déterminer si une classe doit hériter d'une autre, et si oui de laquelle. Ici, les langages typés sont plus contraignants que les langages non typés car le choix de l'héritage déterminera ce que l'on peut faire des instances de la classe. Dans l'exemple de la classe *Collection* ci-dessus, si l'on définit une classe qui n'hérite pas de *Collection* mais qui définit la méthode *Suivant*, on ne pourra pas utiliser la classe *Itérateur* sur les objets de cette classe. Ce serait possible dans un langage non typé, car tout ce que demande la classe *Itérateur* à l'objet itéré est de répondre au message *Suivant*. En conséquence, le choix de l'arbre d'héritage est à la fois plus difficile et plus déterminant dans les langages à objets typés.

L'héritage est un mécanisme puissant, ce qui signifie qu'il peut être utilisé dans différents contextes. L'héritage peut servir à représenter la spécialisation et l'enrichissement : c'est ce pour quoi il est utilisé le plus souvent. Ainsi, dans les chapitres précédents, nous avons fait hériter la classe *Tour* de la classe *Pile* car une tour est une pile « spéciale ». Par contre, nous nous sommes gardés de faire hériter *Pile* d'une hypothétique classe *Tableau*, et nous avons préféré mettre le tableau *dans* la pile.

La relation d'ordre entre les classes qui est induite par l'héritage doit nous inciter à utiliser l'héritage lorsque les *protocoles* des classes sont compatibles, et nous en dissuader lorsque seulement les *structures* des classes sont compatibles. Le protocole d'une classe est compatible avec celui d'une autre classe s'il est inclus dans celui-ci. De même, la structure d'une classe est compatible avec celle d'une autre classe si elle est incluse dans celle-ci. C'est la compatibilité des protocoles qui permet d'utiliser l'héritage non seulement pour la spécialisation (cas d'égalité), mais aussi pour l'enrichissement. Une pile et une tour ont le même protocole : empiler, dépiler, lire le sommet. Par contre un tableau a un protocole qui permet d'accéder à un élément quelconque, ce qui est incompatible avec le protocole des piles.

La sémantique de l'héritage est telle qu'une classe dérivée doit avoir un protocole compatible, mais aussi une structure compatible, puisque les champs de la classe de base sont hérités. Cette contrainte est une source de problèmes lorsque l'on définit la hiérarchie des classes. En effet, le choix de la hiérarchie, qui est initialement guidé uniquement par la compatibilité des protocoles, peut être invalidé plus tard à cause d'une incompatibilité de structure. La solution consiste en général à créer des classes abstraites dont les classes de structures incompatibles sont des sous-classes.

Considérons par exemple la classe *Polygone*, avec comme méthodes le dessin, la rotation et la translation. La classe *Rectangle*, qui représente des rectangles dont les côtés sont horizontaux et verticaux, est une candidate pour l'héritage, car son protocole est compatible. Mais l'on peut, pour des raisons d'efficacité, vouloir représenter le rectangle par deux points diagonaux alors que le polygone nécessite une liste de points. L'héritage devient impossible, et l'on doit introduire une classe abstraite *Forme* comme suit :

```
Forme = classe {
    méthodes
        procédure Dessiner (f : Fenêtre);
        procédure Rotation (centre : Point; angle : réel);
        procédure Translation (v : Vecteur);
}
```

```
Polygone = classe Forme {
    champs
        points : Liste [Point];
    méthodes
        -- idem Forme
}
```

```
Rectangle = classe Forme {
    champs
        p1, p2 : Point;
    méthodes
        -- idem Forme
```

Le même phénomène se reproduit si l'on veut définir une classe *Carré*. Celle-ci devrait en toute logique hériter de *Rectangle*, mais si l'on veut représenter un carré par un point et une dimension, il faut définir une classe *Quadrilatère*, sous-classe de *Forme*, dont *Rectangle* et *Carré* sont des sous-classes. Cela conduit à alourdir inutilement la hiérarchie d'héritage.

Les utilisations de l'héritage autres que la spécialisation et l'enrichissement sont généralement vouées sinon à l'échec, du moins à des solutions de compromis. L'utilisation de l'héritage entre classes de structures compatibles mais de protocoles incompatibles, comme *Tableau* et *Pile*, peut être acceptable si le langage permet de masquer la relation d'héritage du point de vue de l'inclusion de types. C'est le cas par exemple en C++ avec l'héritage privé. Dans les autres cas, il vaut mieux y renoncer, même si cela alourdit la programmation.

Héritage multiple

L'héritage multiple est source de nombreux problèmes. Nous avons déjà évoqué les conflits de noms et l'héritage répété. Mais l'héritage multiple pose aussi des problèmes d'ordre sémantique et méthodologique. Selon notre approche de compatibilité de protocoles, on peut décider que l'héritage multiple est justifié si la sous-classe a un protocole compatible avec chacune de ses superclasses. Des conflits de protocoles peuvent apparaître si une partie du protocole de la sous-classe est incluse dans les protocoles de plus d'une de ses superclasses : nous avons vu au chapitre 3 l'exemple de la méthode *Écrire* dans le cas de la classe *TourGM* héritant de *Tour* et *Fenêtre*. Dans ce cas, il faut impérativement redéfinir dans la sous-classe la partie du protocole qui crée des conflits. Si l'héritage multiple est justifié, le protocole redéfini devrait faire appel aux protocoles des superclasses.

Comme l'héritage simple, l'héritage multiple impose l'héritage de *structure* des classes parentes. Cet héritage de structure soulève le problème de l'héritage répété : doit-on dupliquer les champs hérités d'une même classe par plusieurs chemins ? Bien que les langages fournissent divers mécanismes de contrôle, comme nous l'avons vu, il est plus sain de ne pas utiliser l'héritage multiple dans une telle situation, car les risques sont grands de rendre la hiérarchie des classes inutilisable. Notons toutefois que l'héritage répété ne provoquera pas de conflit d'héritage de structure si la classe héritée plusieurs fois est une classe abstraite sans champ : c'est la seule situation dans laquelle l'héritage répété est sans risque.

Dans le cas où l'héritage multiple n'engendre pas de conflit de protocole, et si les classes héritées n'ont pas d'ancêtre commun contenant des champs, alors on peut envisager l'utilisation de l'héritage multiple. On obtient alors une *classe agglomérée*, proche d'une classe composée qui aurait un champ par classe héritée. La différence entre classe agglomérée et classe composée est qu'une instance d'une classe agglomérée est d'un type compatible avec chacune des classes dont elle hérite. Chaque classe héritée donne une facette différente à la classe agglomérée, et les conditions que nous avons imposées assurent l'indépendance de ces facettes. Le polymorphisme d'héritage sur une classe agglomérée revient à utiliser une instance de cette classe sous l'une de ses facettes.

La similarité entre agglomération et composition nous indique que, si l'on ne souhaite pas mettre en œuvre l'héritage multiple pour l'une des raisons décrites ci-dessus, on peut lui substituer la composition. On ne dispose plus des facettes et de la facilité de programmation associée, mais on obtient un ensemble de classes plus facile à maîtriser.

Si la composition peut remplacer l'héritage multiple, l'héritage multiple ne doit pas remplacer la composition : ce n'est pas parce qu'une voiture est constituée d'un moteur, d'une carrosserie et de quatre roues qu'il faut faire hériter la classe *Voiture* de la classe *Moteur*, de la classe *Carrosserie* et quatre fois de la classe *Roue* ! C'est le protocole, et non pas la structure, qui détermine l'héritage.

6.2 DÉFINIR LES MÉTHODES

Nous venons de voir comment les classes et l'arbre d'héritage sont définis. Il est apparu, en particulier, que la notion de protocole était cruciale dans la détermination de l'héritage. Nous allons maintenant fournir des éléments afin d'aider à la définition des protocoles, c'est-à-dire des méthodes publiques des classes. Comme pour les classes, nous allons proposer une classification des méthodes.

Les *méthodes d'accès* servent à obtenir des informations sur le contenu d'un objet, et à modifier son état, sans autre effet de bord. L'accès peut consister simplement à retourner ou affecter la valeur d'un champ, ou bien à effectuer un calcul qui utilise ou modifie la valeur des champs de l'objet. Dans ce dernier cas, on parlera plutôt de *méthode de calcul*. La plupart des langages de la famille Smalltalk engendrent automatiquement une méthode d'accès en lecture et une méthode d'accès en écriture pour chaque champ. Ceci va à l'encontre de l'encapsulation car toute classe est alors complètement exposée à ses clients.

Les *méthodes de construction* permettent d'établir des relations entre les objets. Les objets doivent en effet se connaître afin de pouvoir s'envoyer des messages. Pour cela, les objets stockent des références vers d'autres objets, références qu'il est nécessaire de maintenir. Déterminer les bonnes méthodes de construction est une tâche délicate car les relations entre objets sont souvent complexes.

Par exemple, une fenêtre doit connaître les objets graphiques qu'elle contient, et un objet graphique doit savoir dans quelle fenêtre il se trouve. Deux problèmes se posent : où mettre la méthode de construction, et comment établir le lien, ici bidirectionnel, entre les objets. La méthode d'ajout peut être dans la classe des fenêtres ou dans la classe des objets graphiques. On peut aussi décider de fournir les deux méthodes. Dans tous les cas, la méthode de l'une des classes devra faire appel à une méthode de l'autre classe pour établir le lien réciproque, comme dans cet exemple :

```
procédure Fenêtre.Ajouter (og : OGraphique) {
    ...                                 -- ajouter og dans la fenêtre
    og.AjoutéDans (moi);                -- prévenir og
}
```

On voit ici que les deux classes *Fenêtre* et *OGraphique* entretiennent un lien privilégié : si une autre classe appelle directement *OGraphique.AjoutéDans*, la relation de réciprocité entre la fenêtre et l'objet graphique ne sera pas respectée et le système sera dans un état erroné. La seule solution est de faire en sorte que seule la classe *Fenêtre* puisse appeler *OGraphique.AjoutéDans*. Les mécanismes de contrôle de visibilité tels que les amis de C++ et les listes d'exportation d'Eiffel permettent de réaliser cela.

Les *méthodes de contrôle* utilisent le graphe des objets qui résulte de l'application des méthodes de construction pour réaliser un calcul qui met en jeu plusieurs objets. Une méthode de contrôle ne réalise pas de calcul par elle-même, elle détermine les objets compétents et leur retransmet toute ou partie du calcul. Par exemple, le réaffichage d'une fenêtre est une méthode de contrôle qui demande à chacun des objets de la fenêtre de se redessiner.

De la même façon que pour les méthodes de construction, les méthodes de contrôle ont souvent besoin de faire appel à des méthodes spécifiques des objets qui ne doivent pas être accessibles par d'autres clients. Dans l'exemple suivant, la méthode de réaffichage d'une fenêtre doit invoquer la méthode privée *InitDessin* de la fenêtre afin de mettre en place l'environnement nécessaire pour que les objets puissent se redessiner :

```
procédure Fenêtre.Redessiner () {
    InitDessin ();              -- mettre en place l'environnement
    pour chaque objet graphique o faire
        o.Redessiner ();
}
procédure OGraphique.Redessiner () {
    ...                         -- dessiner l'objet dans sa fenêtre
}
```

Les méthodes de dessin des objets graphiques doivent donc être visibles seulement par les classes capables de mettre en place cet environnement avant de les appeler, *OGraphique.Redessiner* ne doit donc être visible que de *Fenêtre*.

Les *méthodes de classe* sont des méthodes globales à une classe. Elles jouent le rôle de procédures et fonctions globales, mais bénéficient des mêmes règles de visibilité que les méthodes normales. Dans les langages qui disposent de métaclasses, les méthodes de classes sont définies dans celles-ci ; dans les autres langages, un mécanisme spécifique permet de déclarer des champs et des méthodes de classe. Les méthodes de classe sont utilisées pour accéder aux champs de classe pour contrôler le fonctionnement de l'ensemble des instances. Nous avons déjà vu une utilisation de méthodes de classe pour numéroter les instances d'une classe. Un autre exemple d'utilisation est le contrôle, par un champ et des méthodes de classe, du type de traces émises par les méthodes pour l'aide à la mise au point.

Définir la visibilité des méthodes

Les exemples précédents ont montré l'importance de la visibilité des méthodes pour la sécurité de la programmation. Les langages non typés n'offrent pas en général de contrôle de visibilité : toute méthode, et même tout champ (grâce aux méthodes d'accès créées automatiquement), est visible de toute classe. Au contraire, les langages typés offrent différents domaines de visibilité. Cette distinction est révélatrice des différences dans l'utilisation des deux familles de langages. Avec un langage typé, on souhaite une encapsulation importante pour assurer une programmation plus sûre en effectuant le maximum de contrôles de manière statique. Les langages non typés, de leur côté, sont souvent utilisés pour le prototypage, et l'on souhaite alors un accès ouvert aux objets afin de faciliter le développement incrémental du prototype.

Il est souvent délicat de déterminer le bon domaine de visibilité de chaque méthode, même lorsque le contrôle de visibilité est sophistiqué, comme dans Eiffel. En particulier, si l'on définit une classe réutilisable, les différentes utilisations de la classe conduiront en général à modifier l'interface, le plus souvent en rendant visible un plus grand nombre de méthodes. Les domaines de visibilité dont on a besoin sont les suivants : le domaine privé à la classe, le domaine visible par les sous-classes, les domaines visibles par des classes privilégiées, et le domaine public à toute classe.

Les domaines visibles par des classes privilégiées sont les plus délicats à définir, car il faut éviter la prolifération des classes privilégiées d'une classe donnée. Dans un système bien conçu, les classes fonctionnent par groupes, et chaque classe a pour classes privilégiées les autres classes du groupe. Cela circonscrit les dépendances entre classes et facilite la réutilisation.

La double distribution

La sémantique de l'envoi de message dans les langages à objets consiste à déterminer la méthode invoquée selon la classe de l'objet receveur du message. Il arrive fréquemment que le seul receveur ne suffise pas à déterminer la bonne méthode, car celle-ci peut dépendre également de la classe effective des paramètres du message. Dans les langages typés, le polymorphisme d'héritage permet en effet de passer comme paramètres effectifs des objets d'une sous-classe de la classe déclarée pour le paramètre formel. Dans les langages non typés, la classe des paramètres n'entre pas en jeu dans la recherche de méthode.

Dans les deux cas, la technique de la *double distribution* (« double-dispatching ») permet de résoudre le problème. Nous allons l'illustrer avec l'exemple suivant : deux classes abstraites *Afficheur* et *OGraphique* fournissent des méthodes pour la représentation d'objets graphiques sur des périphériques. La méthode de dessin d'un objet graphique sur un afficheur dépend à la fois de la classe de l'afficheur et de celle de l'objet graphique. Avec les classes *Fenêtre* et *Imprimante*, la double distribution de la méthode de dessin se réalise comme suit :

```
Afficheur = classe {
    méthodes
        procédure Dessiner (o : OGraphique);
}
Fenêtre = classe Afficheur {
    méthodes
        procédure Dessiner (o : OGraphique) {
            o.AfficherFenêtre (moi);
        }
}
Imprimante = classe Afficheur {
    méthodes
        procédure Dessiner (o : OGraphique) {
            o.AfficherImpr (moi);
        }
}
```

La méthode *Dessiner* est redéfinie dans chaque classe dérivée, et appelle une méthode de *OGraphique*, dont le nom encode la sous-classe émettrice : c'est la première étape de la double distribution. La deuxième étape a lieu dans les sous-classes de *OGraphique* : chaque méthode d'affichage sur un périphérique donné y est redéfinie.

```
OGraphique = classe {
    méthodes
        procédure AfficherFenêtre (aff : Fenêtre);
        procédure AfficherImpr (aff : Imprimante);
}
Rectangle = classe OGraphique {
    ...
    méthodes
        procédure AfficherFenêtre (aff : Fenêtre) {
            ... -- dessiner un rectangle dans une fenêtre
        }
        procédure AfficherImpr (aff : Imprimante) {
            ... -- dessiner un rectangle sur une imprimante
        }
}
Cercle = classe OGraphique {
    ...
    méthodes
        procédure AfficherFenêtre (aff : Fenêtre) {
            ... -- dessiner un cercle dans une fenêtre
        }
        procédure AfficherImpr (aff : Imprimante) {
            ... -- dessiner un cercle sur une imprimante
        }
}
```

La figure 29 illustre le mécanisme : la première distribution a lieu dans les sous-classes de *Afficheur*, et la deuxième dans les sous-classes de *OGraphique*. Étant donné un objet graphique et un afficheur, c'est finalement l'une des méthodes d'affichage des sous-classes de *OGraphique* qui sera appelée.

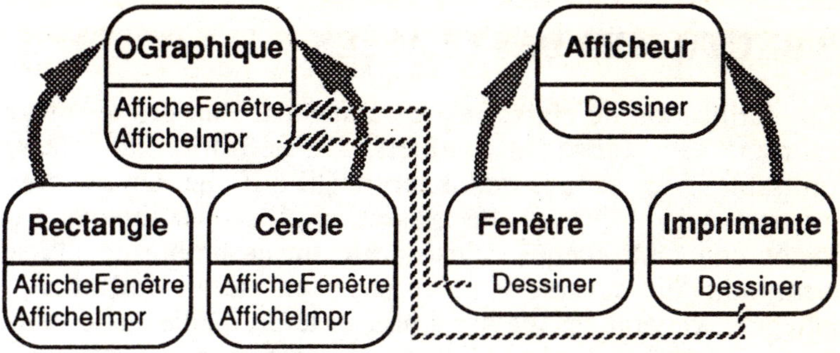

Figure 29 - Double distribution

Si l'on rajoute une sous-classe à *Afficheur*, il faut définir la méthode *Dessiner* dans cette sous-classe ; il faut de plus ajouter la méthode d'affichage correspondante dans *OGraphique*, et une implémentation de cette méthode dans chaque sous-classe de *OGraphique*. Si l'on ajoute une sous-classe à *OGraphique*, il faut implémenter les méthodes d'affichage sur chaque périphérique dans cette nouvelle classe. On peut noter que l'ajout d'une nouvelle classe d'objets graphiques peut se faire sans toucher aux classes d'afficheurs, tandis que l'inverse n'est pas vrai. Ce critère peut aider à choisir dans quel sens doit se faire la double-distribution.

Si l'on a *n* sous-classes de *Afficheur* et *p* sous-classes de *OGraphique*, il faut implémenter *n* méthodes dans chaque sous-classe de *OGraphique*, soit *n*p* méthodes. Ceci n'est pas surprenant puisque l'affichage dépend du type d'afficheur *et* du type d'objet graphique. Mais il faut également implémenter une méthode de distribution pour chaque sous-classe de *Afficheur*, soit *n* méthodes de plus. De par les services qu'elle rend, la double distribution est d'un coût acceptable. Notons également que, dans un langage typé qui autorise la surcharge des méthodes (méthodes de même nom avec des listes de paramètres différentes), les méthodes de distribution peuvent porter le même nom (ici se serait *Afficher*).

6.3 RÉUTILISER DES CLASSES

La réutilisation de classes est certainement l'un des avantages importants des langages à objets. La définition de classes réutilisables n'en est pas moins un travail difficile. On se trouve confronté à la définition de classes réutilisables lorsque l'on conçoit une bibliothèque, c'est-à-dire un ensemble de classes fournissant un service particulier. Une telle bibliothèque contient en général des classes à utiliser telles quelles, et d'autres classes prévues pour être dérivées : c'est la réutilisation par héritage. La généricité offre également un moyen de réutilisation puissant, mais comme elle n'est pas disponible dans tous les langages, nous ne l'évoquerons pas dans cette partie.

Lorsque l'on conçoit une bibliothèque, on a une idée du type de réutilisation qui sera employé. Mais dans la pratique, les classes sont rarement réutilisées de la façon que l'on avait imaginé : les besoins des utilisateurs ne correspondent pas exactement au service offert par la bibliothèque, ou bien le mode de réutilisation prévu ne s'adapte pas à l'application, ou bien encore les utilisateurs utilisent mal le mode de réutilisation prévu. La puissance d'une bibliothèque de classes sera d'autant plus grande qu'elle pourra être utilisée de manière non anticipée. Nous allons voir quelques techniques qui permettent d'atteindre cet objectif.

Certaines classes peuvent être prévues pour être réutilisées directement, mais la plupart du temps, la réutilisation se fait par l'intermédiaire de l'héritage. C'est notamment le cas pour les classes abstraites. La réutilisation par héritage consiste à redéfinir des méthodes de la classe de base, et à ajouter de nouveaux champs et de nouvelles méthodes. C'est la redéfinition qui pose bien sûr le plus de problèmes. La classe de base doit définir quelles méthodes *doivent* être redéfinies, celles qui *peuvent* être redéfinies, et celles qui ne *doivent pas* l'être. Ces trois types de méthodes dépendent du protocole de la classe de base. Sans cette information, on ne peut pas réutiliser la classe de base correctement.

Une technique particulièrement sûre consiste à autoriser seulement la redéfinition de méthodes privées, comme le montre l'exemple suivant :

```
PileAbstraite = classe {
    méthodes privées
        procédure Ajouter (o : Objet);          -- à redéfinir
        procédure Retirer ();                   -- à redéfinir
        fonction EstVide () : booléen;          -- à redéfinir
        fonction Dernier : Objet;               -- à redéfinir
        procédure PileVide ();                  -- à redéfinir
    méthodes      -- méthodes publiques
        procédure Empiler (o : Objet) {
            Ajouter (o);
        }
        procédure Dépiler () {
            si non EstVide () alors Retirer ();
        }
        fonction Sommet : Objet {
            si non EstVide ()
                alors retourner Dernier ()
                sinon { PileVide (); retourner NUL; }
        }
}
```

Parce qu'il est très simple, cet exemple est un peu caricatural. Il montre néanmoins que, en interdisant la redéfinition des méthodes publiques, on ne peut créer une sous-classe qui ne respecte pas la sémantique d'une pile. La méthode *PileVide* permet de redéfinir la façon de signaler ou de traiter l'erreur qui consiste à accéder au sommet d'une pile vide.

De manière générale, le protocole public assure les contrôles de manière à respecter la sémantique de la classe, tandis que le protocole privé définit les opérations atomiques à définir dans chaque sous-classe. Cela n'empêche pas, le cas échéant, de redéfinir une méthode du protocole public dans une sous-classe, en particulier pour des raisons d'efficacité.

Classes dépendantes

L'utilisation de classes composées ou agglomérées conduit en général à des ensembles de classes qui sont prévus pour fonctionner ensemble. La réutilisation de ces classes doit se faire en les dérivant en parallèle, ce qui pose des problèmes spécifiques. Reprenons l'exemple des classes *Fenêtre* et *OGraphique*. Une fenêtre contient une liste d'objets à afficher et un objet graphique contient la fenêtre dans laquelle il s'affiche. La dérivation parallèle a généralement pour objectif de définir deux nouvelles classes qui, comme leurs classes de base, doivent fonctionner ensemble.

Par exemple, on cherche à définir les classes *Fenêtre3D* et *OGraphique3D* pour l'affichage d'objets à trois dimensions :

```
Fenêtre3D = classe Fenêtre {
    méthodes publiques
        procédure Ajouter (o : OGraphique);          -- héritée
}

OGraphique3D = classe OGraphique {
    méthodes privées
        procédure AjoutéDans (f : Fenêtre);          -- héritée
}
```

Une fenêtre à trois dimensions ne peut contenir que des objets graphiques à trois dimensions. Malheureusement, ceci n'est pas reflété par les méthodes héritées : la procédure *Fenêtre.Ajouter* prend un objet graphique quelconque en paramètre, de même que la procédure *OGraphique.AjoutéDans* prend une fenêtre quelconque en argument.

Dans les langages non typés, il est facile de tester la classe effective d'un objet, comme nous l'avons montré au chapitre 4 avec la classe *HPile*. Par contre, il n'y a pas de solution satisfaisante à ce problème dans les langages typés. Il faudrait redéfinir la méthode *Ajouter* avec un paramètre de type *OGraphique3D*.

Certains langages, notamment Eiffel, autorisent la redéfinition d'une méthode dans une sous-classe avec des paramètres dont les types sont inclus dans les types des paramètres correspondants dans la classe de base. Malheureusement, le contrôle de type ne peut plus être réalisé statiquement, ce qui fait d'Eiffel un langage faiblement typé, comme le montre cet exemple :

```
U = classe {
        procédure g ();
}
A = classe {
        procédure f (p : U) {
                p.g ();
        }
}

V = classe U {
        procédure h ();
}
B = classe A {
        procédure f (p : V) {
                p.h ();
        }
}

a : A; b : B; u: U;
a = b;       -- polymorphisme d'inclusion
a.f (u);     -- la liaison dynamique appelle B.f
```

Dans cet exemple, la méthode *f* est redéfinie dans la classe *B*, avec un paramètre appartenant à une sous-classe de celui déclaré pour *A.f*. L'appel *a.f(u)* est correct du point de vue du typage statique. À l'exécution, *a* contient un objet de classe *B* donc, par liaison dynamique, c'est *B.f* qui sera appelée. Malheureusement, *B.f* attend un paramètre de type *V* alors que l'on a passé un paramètre de type *U*. Pour éviter une erreur à l'exécution, le compilateur doit engendrer du code pour contrôler le type effectif des objets à l'exécution.

Dans les langages qui n'offrent pas le mécanisme d'Eiffel, la seule solution sûre consiste à fournir une méthode qui permette de connaître et de tester la classe d'un objet. Cela revient à définir des objets qui représentent des classes, comme les métaclasses des langages à objets de la famille Smalltalk.

Dans tous les cas, la dérivation parallèle oblige à abandonner l'idée d'un typage statique, ce qui implique une attention plus grande lors de la conception du système pour limiter les situations qui font intervenir le contrôle de types dynamique.

6.4 EXEMPLE : LES TOURS DE HANOI

Nous présentons dans cette section l'exemple complet des Tours de Hanoi. Nous partons de la classe *Tour* définie dans le chapitre 3, et nous définissons la classe *Hanoi* qui représente le jeu des Tours de Hanoi.

```
TourPos = (gauche, centre, droite);
Hanoi = classe {
    champs
        tours : tableau [TourPos] de Tour;
    méthodes
        procédure Construire ();
        procédure Initialiser (n : entier);
        procédure Déplacer (de, vers : TourPos);
        procédure Jouer (de, vers, par : TourPos; n : entier);
}
```

Le type *TourPos* sert à identifier les trois tours. *Hanoi* est une classe composée offrant un accès contrôlé à ses composants. Les corps des méthodes sont les suivants :

```
procédure Hanoi.Construire () {
    tours [gauche] := allouer (Tour);
    tours [centre] := allouer (Tour);
    tours [droite] := allouer (Tour);
}

procédure Hanoi.Initialiser (n : entier) {
    tours [gauche] . Initialiser (n);
    tours [centre] . Vider ();
    tours [droite] . Vider ();
}

procédure Hanoi.Déplacer (de, vers : TourPos) {
    d : entier;
    d := tours [de] . Sommet ();
    si tours [vers] . PeutEmpiler (d) alors {
        tours [de] . Dépiler ();
```

```
            tours [vers] . Empiler (d);
        } sinon
            erreur.Écrire ("Déplacer : coup impossible");
    }

    procédure Hanoi.Jouer (de, vers, par : TourPos; n : entier) {
        si n > 0 alors {
            Jouer (de, par, vers, n -1);
            Déplacer (de, vers);
            sortie.Écrire (de, " -> ", vers);
            Jouer (par, vers, de, n -1);
        }
    }
```

Les objets *erreur* et *sortie* sont des objets globaux qui permettent d'afficher des messages à l'écran. *allouer* permet de créer un objet dynamiquement (comme le *new* de Pascal).

On peut utiliser le jeu des Tours de Hanoi comme suit :

```
hanoi : Hanoi;
hanoi.Construire ();
hanoi.Initialiser (4);
hanoi.Déplacer (gauche, centre);
hanoi.Déplacer (gauche, droite);
hanoi.Déplacer (droite, centre);
    -> jouer : coup impossible
```

La résolution automatique du jeu se fait de la façon suivante :

```
hanoi.Initialiser (3);          -- revenir à la position initiale
hanoi.Jouer ();
    gauche -> centre
    gauche -> droite
    centre -> droite
```

Les Tours de Hanoi graphiques

Essayons maintenant d'utiliser la classe *TourG* définie au chapitre 3 pour définir la classe *HanoiG* des Tours de Hanoi graphiques. Il nous suffit de redéfinir la méthode *Construire* pour allouer des tours graphiques au lieu de tours normales. Comme les tours graphiques nécessitent une fenêtre pour l'affichage, nous allons ajouter un champ dans le nouvelle classe.

```
HanoiG = classe Hanoi {
    champs
        f : Fenêtre;
    méthodes privées
        procédure ConstruireTour (t : TourPos; x, y : entier);
    méthodes
        procédure Construire ();
}

procédure HanoiG.ConstruireTour (t : TourPos; x, y : entier) {
    tours [t] := allouer (TourG);
    tours [t] . Placer (f, x, y);
}

procédure HanoiG.Construire () {
    f := allouer (Fenêtre);
    ConstruireTour (gauche,10, 100);
    ConstruireTour (centre, 50, 100);
    ConstruireTour (droite, 90, 100);
}
```

La méthode *ConstruireTour* est une méthode auxiliaire de *Construire*. Elle doit donc être privée.

L'exemple d'utilisation de la classe *Hanoi* s'applique à un objet de la classe *HanoiG*. Toutefois, les déplacements des disques ne seront pas visualisés graphiquement. Si l'on veut ajouter cette animation, il faut redéfinir la méthode *Déplacer*.

```
procédure HanoiG.Déplacer (de, vers : TourPos) {
    Hanoi.Déplacer (de, vers);
    -- animation
    ...
}
```

Cette solution n'est pas satisfaisante car si le déplacement est invalide, *Hanoi.Déplacer* émet un message d'erreur, et l'animation ne devrait pas avoir lieu. Le seul moyen de tester la validité du déplacement dans *HanoiG.Déplacer* est de répéter le code de *Hanoi.Déplacer*, ce qui rend la classe dérivée *HanoiG* dépendante de l'implémentation de la classe *Hanoi*.

Un meilleure solution consiste à modifier la classe *Hanoi* pour la rendre plus flexible du point de vue de la réutilisation, comme nous l'avons illustré avec la classe *PileAbstraite* de la section 6.3 ci-dessus. Définissons pour cela une méthode privée *Bouger*, appelée depuis *Déplacer* lorsque le déplacement est licite :

```
Hanoi = classe {
    ...
    méthodes privées
        ...
        procédure Bouger (d : entier; de, vers : TourPos);
    méthodes
        procédure Déplacer (de, vers : TourPos);
        ...
}

procédure Hanoi.Déplacer (de, vers : TourPos) {
    d : entier;
    d := tours [de] . Sommet ();
    si tours [vers] . OK (d) alors {
            tours [de] . Dépiler ();
            tours [vers] . Empiler (d);
            Bouger (d, de, vers);     -- notifier le déplacement
    } sinon
            erreur.Écrire ("Déplacer : coup impossible");
}

procédure Hanoi.Bouger (d : entier; de, vers : TourPos) {
    -- rien par défaut
}
```

La classe *HanoiG* devient :

```
HanoiG = classe Hanoi {
    champs
        f : Fenêtre;
    méthodes privées
        procédure ConstruireTour (t : TourPos; x, y : entier);
        procédure Bouger (d : entier; de, vers ; TourPos);
    méthodes
        procédure Construire ();
}

procédure HanoiG.Bouger (d : entier; de, vers : TourPos) {
    -- animation du disque d de la tour de vers la tour vers
    ...
}
```

Il n'est plus nécessaire de redéfinir *Déplacer*. On a rendu la classe extensible en définissant une méthode privée (ici *Bouger*) qui notifie les classes dérivées d'un changement d'état significatif. Il faut bien reconnaître que, sans la tentative de dérivation, ceci ne serait pas apparu spontanément. L'écriture de classes réutilisables nécessite donc une connaissance a priori des contextes de réutilisation.

6.5 CONCLUSION

Ce chapitre nous a montré les possibilités mais aussi les limites des langages à objets. Par rapport aux autres langages, les langages à objets favorisent la modularité et la réutilisation, sans pour autant résoudre complètement les problèmes liés à ces aspects.

Les exemples de développement d'applications avec un langage à objets ont montré que les classes aident à maîtriser de gros systèmes, à condition de les spécifier soigneusement, et de s'adapter au langage en faisant des concessions au modèle idéal des objets. En d'autres termes, les langages à objets sont un outil puissant et général, mais ne sont pas la panacée : un problème ne s'est jamais résolu par la seule vertu des objets.

Bibliographie

Références générales

Actes Conférences ECOOP, European Conference on Object-Oriented Programming. *Lecture Notes in Computer Science*, Springer Verlag. vol. 276 (1987), vol. 322 (1988), vol. 512 (1991).

Actes Conférences OOPSLA, Object-Oriented Programming, Systems, Languages, and Applications. *Special Issue SIGPLAN Notices*, ACM. vol. 21, n°11 (1986), vol. 22, n°12 (1987), vol. 23, n°11 (1988), vol. 24, n°10 (1989), vol. 25, n°10 (1991).

G. Agha. *Actors : a Model of Concurrent Computation in Distributed Systems*. MIT Press, Cambridge (Mass.), 1986.

B.J. Cox. *Object-Oriented Programming: an Evolutionary Approach*. Addison-Wesley, Reading (Mass.), 1986.

J. Ferber. *Conception et Programmation par Objets*. Collection Techniques de Pointe, Hermès, Paris, 1990.

G. Masini, A. Napoli, D. Colnet, D. Léonard, et K. Tombre. *Les Langages à Objets*. InterEditions, Paris, 1989.

B. Meyer. *Conception et Programmation par Objets*. InterEditions, Paris, 1989.

B. Shriver et P. Wegner, editors. *Research Directions in Object-Oriented Programming*. MIT Press, Cambridge (Mass.), 1987.

D. Tsichritzis, editor. Centre Universitaire d'Informatique, Université de Genève. *Objects and Things*, 1987. *Active Object Environments*. 1988. *Object Management*. 1990. *Object Composition*. 1991.

A. Yonezawa et M. Tokoro, editors. *Object-Oriented Concurrent Programming*. MIT Press, Cambridge (Mass.), 1987.

Articles sur des aspects particuliers

Les citations entre crochets font partie des références générales ci-dessus.

G. Agha et C.E. Hewitt. Actors: a Conceptual Foundation for Concurrent Object-Oriented Programming. In [Shriver et Wegner, 1987], pp. 49-74.

G. Agha et C.E. Hewitt. Concurrent Programming Using Actors. In [Yonezawa et Tokoro, 1987], pp. 37-53.

P. Cointe. *Implémentation et Interprétation des Langages Orientés Objets. Application aux Langages Smalltalk, Objvlisp et Formes*. Thèse de Doctorat d'État, Université de Paris VII, LITP 85.55, 1985.

L. Cardelli et P. Wegner. On Understanding Types, Data Abstraction, and Polymorphism. *ACM Computing Surveys*, vol. 17, n°4, pp. 471-522, 1985.

W.R. Cook, W.L. Hill, et P.S. Canning. Inheritance is not Subtyping. Actes *Principles of Programming Languages*, ACM, pp. 125-135, 1990.

S. Danforth et C. Tomlinson. Type Theories and Object-Oriented Programming. *ACM Computing Surveys*, vol. 20, n°1, pp. 29-72, 1988.

R. Ducourneau et M. Habib. La Multiplicité de l'Héritage dans les Langages à Objets. *Technique et Science Informatique*, vol. 8, n°1, pp. 41-62, 1989.

K. Gorlen. An Object-Oriented Class Library for C++ Programs. *Software Practice and Experience*, vol. 17, n°12, pp. 899-922, 1987.

H. Lieberman. Using Prototypical Objects to Implement Shared Behavior in Object-Oriented Systems. In [Actes OOPSLA, 1986], pp. 214-223.

B. Meyer. Genericity versus Inheritance. In [Actes OOPSLA, 1986], pp. 391-405.

D. Ungar, C. Chambers, B-W. Chang, et U. Hölzle. Organizing Programs without Classes. *International Journal of Lisp and Symbolic Computation*, vol. 4, n°3, 1991.

A. Yonezawa, E. Shibayama, T. Takada, et Y. Honda. Modelling and Porgramming in an Object-Oriented Concurrent Programming. In [Yonezawa et Tokoro, 1987], pp. 55-89.

Langages de programmation par objets

Les citations entre crochets font partie des références générales ci-dessus.

Byte Special Issue: the Smalltalk-80 System. *Byte*, vol. 6, n°8, 1981.

L. Cardelli, J. Donahue, L. Glassman, M. Jordan, B. Kalsow, et G. Nelson. *Modula-3 Report (revised)*. Research Report 52, DEC Systems Research Center, Palo Alto (Calif.), 1989.

P. Cointe. Metaclasses are First Class: the ObjVLisp Model. In [Actes OOPSLA, 1987], pp. 156-167.

O.J. Dahl et K. Nygaard. Simula, an Algol-based Simulation Language. *Comm. of the ACM*, vol. 9, n°9, pp. 671-678, 1966.

L.G. DeMichiel et R.P. Gabriel. The CommonLisp Object System: an Overview. In [Actes ECOOP, 1987], pp. 201-220.

Eiffel: the Language. Interactive Software Engineering, Inc., Goleta (Calif.), 1989.

M. Ellis et B. Stroustrup. *The Annotated C++ Reference Manual.* Addison-Wesley, Reading (Mass.), 1990.

A. Goldberg et D. Robson. *Smalltalk-80, the Language and its Implementation.* Addison-Wesley, Reading (Mass.), 1983.

S.E. Keene. *Object-Oriented Programming in CommonLisp. A Programmer's Guide to CLOS.* Addison-Wesley, Reading (Mass.), 1989.

H. Lieberman. Concurrent Object-Oriented Programming in Act1. In [Yonezawa et Tokoro, 1987].

S. Lippman. *A C++ Primer.* Addison-Wesley, Reading (Mass.), 1989.

D. Moon. Object-Oriented Programming with Flavors. In [Actes OOPSLA, 1986], pp. 1-8.

K. Schmucker. *Object-Oriented Programming for the Macintosh.* Hayden Book Company, Hasbrouck Heights, (New Jersey), 1986.

D. Ungar et R.B. Smith. Self: the Power of Simplicity. In [Actes OOPSLA, 1987], pp. 227-242.

A. Yonezawa, J-P. Briot, et E. Shibayama. Object-Oriented Concurrent Programming in ABCL/1. In [Actes OOPSLA, 1986], pp. 258-268.

Index

120

Armand Colin Éditeur
103, Bd Saint-Michel
75240 Paris cedex 05
Dépôt légal : février 1992

Reproduit et
achevé d'imprimer par
Normandie Roto S.A.
en janvier 1992
N° d'éditeur : 10147
N° d'imprimeur : I2-0047